Band 79

OUTDOOR HANDBUCH

Bolivien: Choro Trail

Lars Schneider

DER WEG IST DAS ZIEL

Bolivien: Choro Trail

© Copyright Conrad Stein Verlag, Struckum 1. Auflage 1999
® *Outdoor* ist eine eingetragene Marke für Bücher des Conrad Stein Verlags

---

Dieses OutdoorHandbuch wurde konzipiert und redaktionell erstellt vom
Conrad Stein Verlag, In der Mühle, 25821 Struckum,
☎ 04671 / 93 13 14, FAX 04671 / 93 13 15,
e-mail: <outdoor@tng.de> internet: <http://outdoor.tng.de>
für die OutdoorHandbuch Stein KG, Struckum

Auslieferung für den Buchhandel: Ⓓ Prolit, Fernwald, und alle Barsortimente,
ⒸⒽ AVA-buch 2000, Affoltern, Ⓐ Freytag & Berndt, Wien

Alle Rechte vorbehalten. Der Nachdruck, die Übersetzung, die Entnahme von Abbildungen, Karten, Plänen, Symbolen, die Wiedergabe auf fotomechanischem Wege (z.B. Fotokopie) sowie die Verwertung auf elektronischen Datenträgern, die Einspeicherung in Medien wie Bildschirmtext oder Internet (auch auszugsweise) sind ohne vorherige schriftliche Genehmigung des Verlages unzulässig und strafbar. Alle Informationen, schriftlich und zeichnerisch, wurden nach bestem Wissen zusammengestellt und waren korrekt zum Zeitpunkt der Recherche.

Eine Garantie für den Inhalt, z.B. die immerwährende Richtigkeit von Preisen, Adressen, Telefon/Faxnummern sowie Internet-Adressen, Zeit- und sonstigen Angaben kann naturgemäß von Verlag und Autor, auch im Sinne der Produkthaftung, nicht übernommen werden.

Der Autor ist für Lesertips und Verbesserungen unter Angabe der Auflagen- und Seitennummer dankbar. Leser, deren Einsendung verwertet wird, werden in der nächsten Ausgabe genannt und erhalten als Dank ein Exemplar der neuen Auflage oder ein anderes Buch ihrer Wahl aus dem Programm des Verlags.

Text und Fotos	Lars Schneider
Karten und Pläne	Verena Greim
Lektorat	Karen Thomsen
Gesamtherstellung	Breklumer Druckerei

Von Lars Schneider ist im Conrad Stein Verlag ebenfalls erschienen: Outdoor-Handbuch SCHWEDEN: DALSLAND-KANAL sowie PERU: INKA-TRAIL.

Dieses OutdoorHandbuch hat 123 Seiten, 16 farbige Abbildungen sowie 6 Karten. Es wurde auf chlorfrei gebleichtem Papier gedruckt und der besseren Haltbarkeit wegen fadengeheftet.

ISBN 3-89392-179-6 002200011000

Inhalt

Reise-Infos von A bis Z	10
An-/Abreise über Bolivien	10
An-/Abreise über Peru	11
Ausrüstung	12
Ausrüstungsliste	18
Ausrüstungsläden und -verleih	20
Diplomatische Vertretungen	21
Einreisebestimmungen	21
Familienurlaub/Kinder	22
Flora und Fauna	22
Fotografieren	23
Geld	26
Gesundheit	28
Informationen	34
Karten	36
Klima	36
Literatur	37
Post und Telekommunikation	38
Radfahren	40
Reisezeit	41
Sicherheit/Gefahren	41
Solo- und Gruppentouren	44
Transport	45
Trinkwasser	46
Übernachten	46
Umweltschutz	47
Verpflegung	47
Zeit	48
Ausflüge in die Umgebung	63

La Paz	49

Coroico	67

Choro Trail	71
Überblick	71
La Paz - La Cumbre	72
La Cumbre - Achura (13 km)	76
Achura - Choro (16 km)	84
Choro - Chairo (23 km)	94
Chairo - Coroico (25 km)	108
Coroico - La Paz	110

Fremdsprech	111

Index	121

Symbole

- ࿋ Achtung
- ᛉ Apotheke
- ⛰ Aussichtspunkt
- 🚆 Bahn
- BANK Bank/Bankautomat
- 📖 Buchtip
- 🚌 Bus
- 🛒 Einkaufen, Dorfladen
- ✉ E-mail-Adresse
- ✈ Flug
- 🛏 Hotel/Unterkunft
- 🛈 Information
- 💻 Internetadresse
- ⛺ Lagerplatz
- ⌘ Museum, Ruine
- 🚪 geöffnet...
- 📯 Post
- 🚲 Radfahren
- 🍴 Restaurant
- ☺ Tip
- ☹ Ärgernis
- 🛈 Touristenbüro
- ☞ Verweis

Danke

Vielen Dank an meine Wanderpartner Nicole Fecker und Christian Scialpi für ihre Gesellschaft und Hilfe auf dem Trail. Sie waren mir mit Blasenpflaster, Sportsalbe und Bandagen zur Hand und haben mir einen großartigen Einblick ins Schwyzerdütsch gegeben.

Danken möchte ich der Firma Meindl, Pit Rauert und Jack Wolfskin, Aerolineas Argentinas sowie Ditmar Bosecke und Globetrotter in Hamburg für ihre Unterstützung bei der Ausrüstung und Dr. Götze Land & Karte sowie Sylvia Korbmann für die Hilfe.

Für die Durchsicht des Manuskripts und für zahlreiche Tips und Anregungen danke ich Stefan Arndt und Katrin Griebeling.

Über den Autor

Lars Schneider, Jahrgang 1975, begann schon in jungen Jahren mit dem Reisen. Fahrrad-, Kanu- und Wandertouren, angefangen in Norddeutschland, Südeuropa und Skandinavien, führten schließlich zu immer ferneren Zielen wie Südamerika, Kanada und Alaska. Nach einer Radtour durch Bolivien, Chile und Argentinien 1994, bereiste er 1998 erneut Bolivien und Peru für mehrere Monate.

Seit einigen Jahren schreibt er über seine Reisen und veröffentlichte Artikel und Fotos in verschiedenen Reisemagazinen, sowie ein OutdoorHandbuch über den Dalsland-Kanal in Schweden.

Vorwort

Wer sich für eine Reise nach Bolivien entscheidet, hat einen ersten Schritt in Richtung Abenteuer getan: Quirlige bunte Märkte, lärmende, scheinbar von Chaos beherrschte Städte, freundliche Menschen, oft in traditionellen, farbenfrohen Trachten, atemberaubende Landschaften und fantastische Natur warten darauf, entdeckt zu werden.

Die geographische Vielfalt des Landes reicht vom größten Salzsee der Erde über den Titicacasee, zu kargen Hochebenen und Wüsten, grünen, roten und blauen Lagunen, Vulkanen und Dschungeln. Bolivien gilt als das vielseitigste Land Südamerikas und wird oft als Mosaik der Erde bezeichnet. Von allen Ländern des Kontinents ist es zudem das mit dem größten Anteil indigener Bevölkerung, denn in den Adern von fast 50% der Bolivianer fließt indianisches Blut.

Nicht selten wird Bolivien als Tibet Südamerikas bezeichnet, was an der riesigen Hochlandebene, dem Altiplano, und den vielen Gipfeln und Eisriesen, die Höhen bis über 6.000 m erreichen, liegen mag.

Bergsteiger und Trekker kommen hier genauso wie im Himalaya auf ihre Kosten, Kulturinteressierte finden einen Reichtum an erhaltenen Ruinen aus verschiedenen Epochen vor, in den Städten gibt es viele Museen, Gebäude aus der Kolonialzeit und im ganzen Land eine allgegenwärtige Präsenz erhalten gebliebener Traditionen der unterschiedlichen ethnischen Gruppen. Und auch wenn das Land in den letzten Jahren unter Reisenden immer populärer geworden ist, so hat es doch seine Ursprünglichkeit bewahrt.

Mit 1.098.581 km² ist der Andenstaat drei Mal so groß wie Deutschland, doch es leben nur rund 7,5 Mio Menschen verteilt auf das riesige Gebiet. Das sind knapp 7 Ew./km², im Gegensatz zu Deutschland, wo sich 229 Menschen auf der gleichen Fläche drängeln. Deshalb ist es selbst in der touristischen Hauptsaison, die von Mitte Juni bis in den September reicht, sehr leicht, den Menschen und Städten zu entfliehen und die Einsamkeit in kaum bevölkerten Gebieten zu finden. Diese liegen selten fern, oft sind es nur einige Kilometer, bis man völlig allein durch die Landschaft wandert. Und um Bolivien richtig kennenzulernen, sind ein paar Tage in der Natur unverzichtbar. Nur fernab der Zivilisation, am besten unterwegs mit Rucksack, Schlafsack und Zelt, wird man der großartigen Natur wirklich nahe kommen.

Auch zum Startpunkt des Choro Trails sind es nur rund 25 km von La Paz. Obwohl der Trail zu den beliebtesten

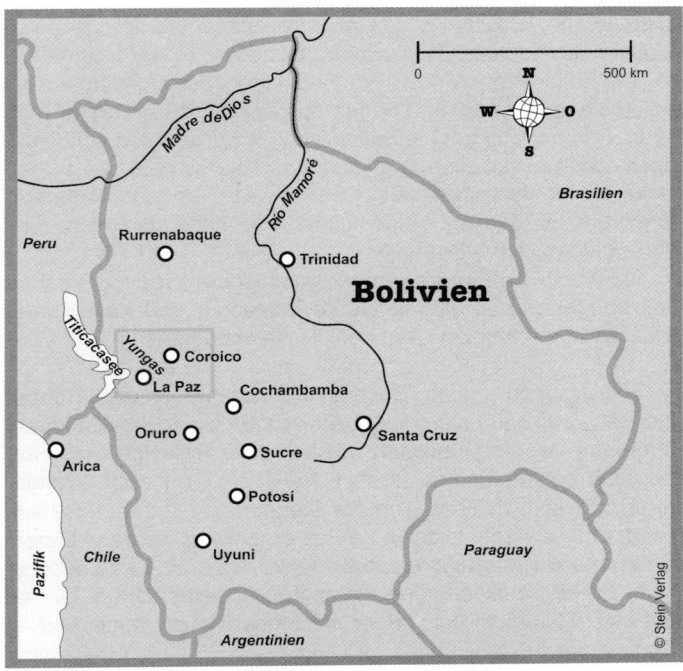

Trekkingrouten Boliviens zählt, gibt es Zeiten, in denen man hier kaum auf andere Wanderer trifft. Wir waren Ende September unterwegs und sind nur einem französischen Ehepaar mit ihrem Führer und einigen Trägern begegnet. Es war herrlich ruhig, die Lagerplätze waren unbelegt und ganz für uns da.

Der Weg, der schon lange Zeit vor der Entstehung des Inkareiches angelegt wurde und daher normalerweise als Prä-Inkaweg bezeichnet wird, führt in vier Tagesetappen vom kargen Altiplano hinab in die dampfenden Täler der Yungas. Der Höhenunterschied, der dabei überwunden wird, ist immens: knapp zwei Stunden nach dem Start überquert man den **Apacheta Chukura Paß** auf 4.860 m, dann geht es steil hinab, bis man auf 1.260 m das Ziel in Chairo erreicht.

Beim Abstieg über diese 3.600 Höhenmeter werden mehrere Vegetationszonen von den Hochlagen der Cordillera Real bis in die subtropischen Yungas durchwandert. Am ersten Tag kann es durchaus noch empfindlich kalt werden und schneien, doch schon am zweiten Tag steigt das Thermometer.

Je weiter man läuft, desto wärmer wird es, und Temperaturen um 30° lassen eisige Gipfel und Kälte, die nicht weit zurückliegen, schnell vergessen.

Die Route läuft teilweise über gepflasterte Wege, die schon seit hunderten von Jahren als Verbindungs- und Handelsweg zwischen dem Altiplano und dem Tiefland bestehen.

Selbst wenn einige Bäche über abenteuerliche Hängebrücken, auf Baumstämmen oder von Stein zu Stein hüpfend überquert werden müssen und Pfade teilweise nah am Abgrund entlangführen, bereitet der Choro Trail auch Wanderern mit wenig Erfahrung in der Regel keine Schwierigkeiten. Gruppentouren, die leicht in La Paz organisiert werden können, sind genauso möglich, wie individuelle Trips zu Zweit oder zu Dritt. Da kleine Siedlungen entlang des Weges liegen, gibt es auf dem Trail nicht nur Natur pur, sondern auch immer wieder Kontakt zur Bevölkerung.

Bolivien ist - dem gegenüber darf man seine Augen nicht verschließen - auch ein sehr armes Land. Statistiken sprechen davon, daß 70% der Bevölkerung in Armut leben. Es gibt eine sehr hohe Arbeitslosigkeit, Menschen versuchen sich mit Schuhputzen und Verkäufen von Bonbons, Kaugummi, Toilettenpapier, Zahnpasta und anderen Kleinigkeiten über Wasser zu halten, es wird viel gebettelt.

An der Wand einer Schule in La Paz stand ein Graffitto, das den Unmut der Menschen über die Zustände im Land zum Ausdruck brachte: "en un pays donde no hay trabajo para los mayores y donde trabajan los niños..." (In einem Land, wo es keine Arbeit für Erwachsene gibt und wo die Kinder arbeiten...). Das Ende des Satzes war anscheinend bewußt weggelassen worden, denn viele Menschen wissen und sehen keinen Ausweg aus ihrer und der Misere des ganzen Landes.

Trotz dieser Lebensumstände - und das muß angesichts vieler negativer Schlagzeilen, die meist die einzigen Meldungen aus diesem Teil der Erde sind, die zu uns durchdringen, betont werden, - ist Bolvien eines der sichersten Reiseländer Südamerikas.

Niemand sollte sich von anders lautenden Nachrichten abschrecken lassen und das "Abenteuer Choro Trail" beginnen.

Besuchen Sie uns doch immer mal wieder auf unserer Homepage im Internet.

Wir zeigen Ihnen gern Updates zu diesem
OutdoorHandbuch
und zu unseren anderen Reise- und OutdoorHandbüchern,
Zitate aus Leserbriefen, Kritik aus der Presse,
interessante Links zu befreundeten Firmen,
unser komplettes und aktuelles Verlagsprogramm
sowie viele Sonderangebote für Schnäppchenjäger:

🖳 http://outdoor.tng.de

Reise-Infos von A bis Z

An-/Abreise über Bolivien

Verschiedene Fluggesellschaften (z.B. Aerolineas Argentinas, Varig, Iberia, American Airlines) fliegen La Paz an, das unter den südamerikanischen Zielen noch immer ein wenig ein Exot ist. Daher zählt es leider auch zu den teuersten Destinationen auf dem südamerikanischen Kontinent.

Die Flugpreise liegen zwischen ca. DM 1.500 bis über DM 2.000 und sind stark abhängig von der Jahreszeit und den allgemeinen Ferienterminen. Immer wieder gibt es Sondertarife, Schüler und Studenten bekommen von einigen Anbietern Ermäßigungen.

☺ Günstige Tarife bekommt man oft bei speziellen Südamerika-Veranstaltern oder bei Flugbörsen und in Reisebüros in den Univierteln vieler Städte, wo man sich auf günstiges Reisen spezialisiert hat. Immer sollte man mehrere Preise einholen und vergleichen.

🖳 Im Internet können Preise verglichen und Flüge gebucht werden:

- www.aer.de
- www.alc-reisen.de
- www.explorer-fernreisen.com
- www.reisefieber.de
- www.take-off-reisen.com

Eine Alternative zum Flug bis nach Bolivien ist eine Anreise nach Lima (Peru) und von dort eine Weiterfahrt im Bus nach La Paz. Auf der schnellen Route entlang der Pazifikküste und weiter über Puno bedeutet dies rund 45 anstrengende Stunden reine Fahrzeit ohne Pausen (☞ An-/Abreise über Peru).

☺ Auf jeden Fall sollte man Flüge so früh wie möglich buchen. Teilweise garantiert nur ein halbes Jahr Vorlauf einen freien Sitzplatz zum gewünschten Datum.

An-/Abreise über Peru

Viele Urlauber besuchen Bolivien und Peru zusammen auf einer einzigen Reise. Von Cusco, dem Hauptanlaufpunkt für Touristen in Peru, braucht man mit dem Bus nur etwa 24 Stunden nach La Paz, etwas länger dauert es, wenn man auf der Strecke Cusco-Puno in die Bahn umsteigt. Wer viel Zeit hat, kann zudem einen sehr lohnenden Zwischenstop am **Titicaca** See einlegen, der sich entweder in Puno (Peru) oder in Copacabana (Bolivien) anbietet.

 Inka Trail und Region Cusco, Lars Schneider, OutdoorHandbuch Der Weg ist das Ziel, Bd. 80, Conrad Stein Verlag, ISBN 3-89392-180-X, DM 22,00.

 **Bus**

Die relativ guten Direktbusse von verschiedenen Touristikunternehmen verlassen Cusco in der Regel um 8 Uhr morgens und erreichen La Paz am nächsten Morgen. Kosten: US$ 22. Da die Nächte auf dem Altiplano sehr kalt werden können, ist es ratsam, sich seinen Schlafsack oder dicke Kleidung mit in den Bus zu nehmen.

Für die entgegengesetzte Route, also von La Paz nach Cusco gibt es ebenfalls verschiedene Anbieter: z.B. Nuevo Continente, tägl. 8:15, 20 Stunden, US$ 20. Man kann die Reise direkt im Busterminal buchen, in der Innenstadt von La Paz gibt es ein zweites Büro von Nuevo Continente und viele andere Reisebüros, die auch diese Reise verkaufen. Auf jeden Fall sollte man sich vorher umhören und die Preise vergleichen.

♦ Nuevo Continente, Oficina Central, Sagarnaga 340, ☎ 373423, FAX 373423.

Wer von La Paz mit dem Bus nur bis nach Puno fahren möchte, um von dort den Zug nach Cusco zu nehmen, kann entweder normale Linienbusse nehmen und eine Fahrkarte am besten direkt im Busterminal kaufen oder die Tour mit einem Touristikanbieter machen. Dann wird manchmal sogar ein Stop in der Ruinenanlage von Tihahuanaku eingelegt. Buchungen beispielsweise bei:

- Vicuña Tours, Plaza San Francisco 504, Edificio San Francisco, oficina. 8, ☎ 390915 u. 331999, FAX 318625. Die einfache Fahrt kostet US$ 40, Abfahrten Di, Do, Sa 7:30, Ankunft in Puno 14:30.

Zug

Sehr lohnend und viel bequemer als die Busfahrt ist die Zugfahrt zwischen Cusco und Puno. Von Cusco aus geht es anfangs noch durch ein recht besiedeltes Tal, die Schienen folgen einem Fluß, dann wird es immer einsamer, und man überquert einen kleinen Paß. Die Landschaft wird zunehmend karger und wilder. Schroffe, graue Felskuppen und Gletscher heben sich vor einem oft stahlblauen Himmel ab. Ganz entspannt kann man während der Fahrt aus dem Fenster schauen, lesen, Karten spielen oder sich den Wind auf den Treppenstufen sitzend um die Nase pfeifen lassen, während einem das Ichugras um die Füße streift.

- Abfahrtszeiten für die Strecke **von Cusco nach Puno:** Mo/Mi/Fr/Sa, ab Cusco 8:00, an Puno 18:15. **Von Puno nach Cusco:** Mo/Mi/Do/Sa, ab Puno 8:00, an Cusco 18:30. In den drei verschiedenen Klassen kostet die Fahrt US$ 8, 19 oder 23. Selbst in der günstigsten Klasse (*economico*) hat man Polstersitze und einen Tisch; wer mehr zahlt, bekommt eine Heizung und zurückklappbare Sitze dazu.

Ausrüstung

Viele werden sich Teile ihrer Ausrüstung unter Umständen erst in La Paz leihen. Dort ist die Auswahl allerdings begrenzt, und einige der folgenden Tips sind kaum relevant, da man meist keine Wahl hat. Wer sich jedoch vor der Abreise z.B. einen neuen Rucksack oder Schlafsack kaufen will, der sollte erst einmal weiterlesen und danach kaufen.

Rucksack

Auf jeden Fall muß auf das Gesamtgewicht des Rucksacks geachtet werden, denn sonst wird die Tour unter Umständen zur Tortour. Es gibt unzählige Richtlinien, Umrechnungsfaktoren und Empfehlungen, wie hoch das maximale Gewicht eines Rucksacks sein darf. Letztendlich muß zwar jeder für sich entscheiden, wieviel er auf eine Tour mitnehmen und dementsprechend tragen will, aber grundsätzlich kann man sagen: Frauen sollten nicht mehr als 15 kg, Männer nicht mehr als 20 kg tragen. Je weniger man auf dem Buckel hat, desto mehr Spaß macht das Wandern und desto mehr kann man die Umgebung genießen.

Sehr wichtig ist, daß man einen Rucksack kauft, der zu seinem Körper paßt. Schon aus diesem Grund ist es gut, ein Fachgeschäft aufzusuchen, sich beraten zu lassen und verschiedene, mit einem realistischen Gewicht beladene Modelle auszuprobieren. Den Rucksack nicht zu klein wählen, damit nicht die Hälfte der Ausrüstung mit Riemen irgendwo außen befestigt werden muß. Die Einstellung des Rucksacks auf den Körper anhand der oft zahlreich vorhandenen Riemen und Gurte vor dem Start ist sehr wichtig. Denn sitzt er nicht richtig am Rücken und drückt und scheuert, dann merkt man jedes Kilo doppelt.

Wenn es dann ans Packen geht, muß wirklich rigoros alles, was nicht unbedingt mit muß, wieder hinausgeworfen werden. Viel Gewicht bringen z.B. Verpackungen aus Metall und Glas auf die Waage, also wenn möglich vermeiden. Und nicht vergessen: viel Kleinkram wiegt auch viel!

Da kein Rucksack wirklich wasserdicht ist und auch bei beschichteten Materialien an Nähten und Reißverschlüssen immer Feuchtigkeit eintritt, sollten alle wichtigen Gegenstände zusätzlich in Plastiktüten eingepackt werden. Noch besser funktioniert ein Regenüberzug, der über den Rucksack gezogen wird.

Schlafsack

Als Schlafsack stehen zwei Typen zur Wahl: Daunen- und Kunstfasermodelle. Hat man mit Daunen als Füllmaterial den Vorteil einer hohen Wärmeleistung bei einem relativ kleinen

Volumen und Gewicht, besteht auf der anderen Seite der Nachteil, daß sie leicht Feuchtigkeit aufnehmen und in nassem Zustand kaum noch isolieren, sprich wärmen, können.

Kunstfaserschlafsäcke sind im Vergleich zwar schwerer und haben ein höheres Packmaß, wenn sie identische Leistungen eines Daunenmodells erreichen wollen, doch haben sie den Vorteil, daß sie selbst in feuchtem Zustand noch relativ gut wärmen.

Auf dem Choro Trail gibt es in Hinsicht auf die Schlafsackwahl ein kleines Problem. Da es in der ersten Nacht meist - je nachdem wie weit man kommt - noch ziemlich kalt ist (bis -5°), in den darauffolgenden Nächten aber ungefähr zwischen 10 und 25° C warm wird, muß man sich entscheiden. In meinem Rucksack steckte ein extrem warmer Schlafsack und ich hatte es nach der ersten Etappe schön warm. Dafür war die dritte Nacht aber grauenvoll, und ich habe praktisch in meinem eigenen Saft geschmort. Also: Entweder man friert in der ersten oder man schwitzt in der letzten Nacht!

Da gegen Abend oft Nebel und Wolken aus den Tälern hochziehen, wird es nachts (jahreszeitenabhängig, ☞ Klima) sehr feucht. Hierfür sind, besonders bei Übernachtungen im Freien ohne ein Zelt (s.u.), Kunstfaserschlafsäcke sehr zu empfehlen.

Zelt

Wer in der Nebensaison unterwegs ist, benötigt nicht unbedingt ein Zelt. Da es an vielen Etappenpunkten (☞ Tourbeschreibung) entweder Hütten gibt, in denen man seinen Schlafsack auf dem Boden ausbreiten kann, man unter Unterständen Platz findet oder einfach unter dem freiem Himmel schlafen kann, bedeutet das Zelt nur unnötiges Gewicht im Rucksack. Einziges Problem ist die oft hohe Luftfeuchtigkeit. Eine Plane, die über die Schlafäcke ausgebreitet werden kann, ist deshalb sinnvoll.

Da in den Wintermonaten von Juni bis September mehr Wanderer unterwegs sind, und es an den beschriebenen Orten voller wird, braucht man dann ein Zelt. In der Regel wird man kein Problem mit dem Boden haben, d.h. Heringe lassen sich an den meisten Stellen problemlos einschlagen. Daher eignen sich Tunnelzelte und andere Modelle, die abgespannt werden müssen genauso wie freistehende Kuppelzelte.

Kleidung

Wie bei den Schlafsäcken, muß auch bei der Kleidung bedacht werden, daß es von fast 5.000 m bis in tropische Gefilde hinab geht. Um dafür gewappnet zu sein, empfiehlt sich das Zwiebelprinzip, nach dem man je nach Temperatur eine Kleidungsschicht zu- oder ablegen kann. Shorts und kurzärmelige T-Shirts sollten genauso dabei sein, wie lange Hosen und ein warmer Pullover. Eine Mütze gegen die mögliche Kälte am ersten Tag und einen Hut oder ein Cap gegen die Sonne sind sinnvoll. Ein Halstuch findet vielseitige Verwendung bei Halsschmerzen, als Kopftuch, zum Abbinden von Wunden, usw.

Da es in den Yungas, den subtropischen Tälern am Rande des Altiplanos, das ganze Jahr über regnen kann (☞ Klima), dürfen auch Regensachen im Rucksack nicht fehlen. Bei schlechtem Wetter ist eine kurze Trocknungszeit von Vorteil, weshalb sich Kleidung aus Kunstfasern, wie Polyester, Polypropylen oder Polartec (Fleece) empfiehlt. Kunstfasern nehmen nur wenig Wasser auf und wärmen selbst in nassem Zustand noch. Unterwäsche aus solchem Material (z.B. Warm n' Up Wäsche von Jack Wolfskin) leitet außerdem die Feuchtigkeit schnell vom Körper weg und hält ihn so besser warm. Als Beinkleider eignen sich sehr gut spezielle Trekkinghosen aus Kunstfasern, z.B. von Jack Wolfskin; von seinen Jeans sollte man sich auf der Wanderung trennen, da es nach einem Regenguß eine Ewigkeit dauert, bis sie wieder getrocknet sind.

Schuhe/Stiefel

Das Terrain auf dem Choro Trail ist nicht als besonders leicht zu bezeichnen, und da es so gut wie nie eben vorwärts geht, und man ständig entweder steil bergauf klettert oder hinunter steigt, ist festes Schuhwerk ein Muß. Die Wahl zwischen leichteren Trekkingschuhen oder festeren Wanderstiefeln sei jedem selbst überlassen (und sollte wohl auch etwas auf die Art des restlichen Urlaubs abgestimmt werden). Auf jeden Fall müssen die Schuhe den Knöchelbereich umschließen und schützen.

Wer sich für seine Wanderung auf dem Choro Trail neue Stiefel kaufen will, sollte daran denken, daß er sie schon zu Hause einläuft und so der Blasenbildung vorbeugt. Um wunden Füßen vorzubeugen, ist auch die Wahl der Socken sehr wichtig. Bewährt hat sich eine Kombination aus einem Paar sehr dünner Mikrofasersocken mit einem Paar dickeren Wandersocken, die darübergezogen werden.

Fürs Lagerleben, eine Auslüftungsphase der Stiefel und evtl. Bachüberquerungen eignen sich Sportsandalen (z.B. Teva) sehr gut. Außerdem sind sie leicht und besser zu verstauen, als Laufschuhe.

Kocher und Brennstoff

Man kann zwischen Gas, Spiritus- und Benzinkochern wählen. Gaskartuschen bekommt man in den meisten Campingläden in La Paz, und auch die Kocher, die vermietet werden, sind fast durchweg Gasmodelle.

Wer mit einem Benzinkocher (z.B. Coleman) unterwegs ist, hat es nicht ganz so leicht. Nur ein Laden verkauft Campingbenzin, ansonsten sieht es in der Stadt ganz schlecht aus. Robuste Benzinkocher können auch mit Autobenzin betrieben werden, das man an der Tankstelle an der Ecke Calle Pando/Av. Montes oder am Friedhof zapfen kann. Spiritus für einen Trangia-Kocher (zu dessem Set übrigens zwei Töpfe, eine Pfanne und ein kleiner Wasserkessel gehören) ist auf den Märkten erhältlich.

◆ Bolivian Journeys (in La Paz), Sagarnaga 363, ☏ + FAX 357848, ✉ <boljour@ceibo.entelnet.bo> (Campingbenzin).

Wanderstöcke

Da es nach dem Abra Chukura Paß 3.600 m bergab geht, nur aufgelockert von wenigen Steigungen, werden die Knie extrem belastet, was sich bei einem schweren Rucksack noch verstärkt. Ich habe viel zuviel Gewicht durch die Gegend geschleppt, so daß ich mir nach der Hälfte der Strecke zwei lange Stöcke aus dem Wald zu Krücken umfunktionierte, um meine schmerzenden Gelenke zu entlasten. Um Überbelastung zu verhindern, empfehle ich Wanderstöcke. Sie entlasten die Wirbelsäule und Kniegelenke besonders beim Bergabgehen und hätten mir wahrscheinlich meine Probleme erspart. Studien haben ergeben, daß sich die Entlastung während einer achtstündigen Tour auf bis zu 250 Tonnen summiert.

Am günstigsten sind sie in der Form von Teleskopstöcken, die Skistöcken sehr ähneln, nur den Vorteil haben, daß sie zusammengeschoben und so leichter transportiert werden können. Außerdem kann bei ihnen die Länge gut auf das Terrain eingestellt werden.

Sonnenschutz

Da die Sonne in der Höhe extrem stark ist, sollte neben einem Hut oder einem Cap und einer guten Sonnenbrille vor allem an Schutzcreme für Gesicht und andere unbedeckte Hautpartien sowie an einen Lippenstift mit einem UV-Faktor von mindestens 20 gedacht werden.

Sonstiges

Da das Wasser aus Bächen entlang des Trails zwar trinkbar ist, auf jeden Fall aber vor dem Verzehr behandelt werden muß, darf *Certisil* oder ein anderes Wasserentkeimungsmittel wie *Micropur* nicht im Gepäck fehlen. Weil die Tropfen oder Tabletten normalerweise zwei Stunden einwirken müssen, ist es praktisch, **zwei** Trinkflaschen mitzunehmen, um jeweils in einer von ihnen "fertiges" Trinkwasser zu haben, während in der anderen das Mittel einwirken kann.

Mit umweltschonender Bioseife kann man sich selbst, seine Kleidung sowie das Geschirr waschen. Extrem saugfähige, schnell trocknende und dabei sehr kleine und leichte Reisehandtücher verringern das Gewicht des Rucksacks.

☺ Bei allen Dingen, die man sich für eine Reise nach Bolivien kauft, sollte man lieber einige Mark mehr für Qualität ausgeben. Denn vor Ort etwas Gleichwertiges nachzukaufen ist sehr schwer, bei einigen Dingen gar unmöglich.

Bei defekten Ausrüstungsgegenständen sind Straßenschuster manchmal die einzige Rettung. Mit einem kleinen Stand und einer uralten Nähmaschine stehen sie in Gassen und an Plätzen in La Paz und flicken Rucksäcke, Schuhe und vieles mehr für wenig Geld.

Ausrüstungsliste

Meine persönliche Ausrüstungsliste für den Choro Trail als Anhaltspunkt. Jeder wird die eine oder andere Ergänzung haben oder Dinge streichen.

- [ ] Rucksack
- [ ] Rucksackregenüberzug (je nach Jahreszeit)
- [ ] Schlafsack
- [ ] Liegematte
- [ ] Zelt
- [ ] Kocher mit Brennstoff
- [ ] Kochgeschirr (1 Topf, Deckel, Pfanne, Teller, Becher)
- [ ] Eßbesteck
- [ ] großes Messer
- [ ] Wasserflaschen (z.B: von Sigg für mind. 2 l)
- [ ] Wassersack
- [ ] Taschenlampe und/oder Zeltlaterne

- [ ] 2 x Funktionsunterwäsche
- [ ] 1 x normale Unterwäsche
- [ ] 3 Paar Socken
- [ ] 3 T-Shirts
- [ ] 1 Shorts
- [ ] 1 lange Trekkinghose

- [ ] Fleece-Hose
- [ ] Fleece Jacke
- [ ] Regenjacke, Regenhose
- [ ] Wanderstiefel (z.B. Meindl "Island")
- [ ] Sandalen
- [ ] Mütze
- [ ] Cap oder Hut
- [ ] Halstuch

- [ ] Streichhözer/Feuerzeug
- [ ] Sonnenbrille
- [ ] Sonnencreme (wasser- bzw. schweißfest, mind. LSF 20)
- [ ] Lippenschutzcreme
- [ ] Fototasche (z.B. Aqua Zoom von Ortlieb)
- [ ] Fotoausrüstung
- [ ] Filmmaterial
- [ ] Ersatzbatterien
- [ ] Seil (z.B. als Wäscheleine)
- [ ] Waschutensilien (Zahnbürste, Zahnpasta)
- [ ] Bioseife
- [ ] Handtuch
- [ ] Erste-Hilfe-Set (☞ Gesundheit)
- [ ] Schreibzeug (Stifte, Notizbuch)
- [ ] Tagebuch
- [ ] Karte
- [ ] Plastiktüten
- [ ] Wasserentkeimer oder -filter
- [ ] Taschenmesser
- [ ] Toilettenpapier
- [ ] Nähzeug
- [ ] Mückenschutz
- [ ] Multifunktionswerkzeug (z.B. Gerber, Leatherman)
- [ ] Kabelbinder (für Reparaturen)
- [ ] Teleskopstöcke
- [ ] Sicherheitsnadeln
- [ ] ...und natürlich dieses OutdoorHandbuch

Ausrüstungsläden und -verleih

Da Trekkingtouren und andere Outdoorsportarten durch den ansteigenden Tourismus in Bolivien immer mehr nachgefragt werden, gibt es vor Ort mittlerweile auch die (begrenzte) Möglichkeit, Ausrüstung zu kaufen und zu mieten. Durch die Popularität von Outdoor-Trips und die Aussicht auf eine schnelle Mark sind besonders in La Paz Tourbüros (☞ Solo- und Gruppentouren) wie Pilze aus dem Boden geschossen.

Bei vielen Veranstaltern kann Ausrüstung gemietet werden. Es gibt Zelte, Isomatten, Schlafsäcke, Kocher, teilweise auch Rucksäcke, Wanderschuhe und Regenbekleidung. Allerdings ist die Qualität dieser Gegenstände oft minderwertig und Zelte lassen nicht selten Regen eindringen. Bevor man etwas mietet, sollten die Sachen daher genau in Augenschein genommen, Zelte unbedingt aufgebaut werden.

Die Preise sind bei den meisten Vermietern (Adressen, ☞ La Paz) recht ähnlich, hier einige Beispiele in US$ pro Tag:

Zelt, 2 Pers.	4	Kocher	1
Zelt, 3 Pers.	5	Rucksack (60 L)	2
Schlafsack	3	Stiefel	3
Isomatte	1		

Wer dringend etwas nachkaufen muß, kann entweder versuchen über Aushänge an Schwarzen Brettern in Hotels Gebrauchtes zu bekommen oder muß sich mit der kleinen Auswahl begnügen, die er findet.

Bei Condoriri gibt es hochwertige Kleidung und kleine Rucksäcke der Marke Mammut, Fleece- und Regenjacken eines bolivianischen Herstellers und viel Kleinkram, wie Taschenlampen, Karabiner, Taschenmesser, Bücher, usw..

♦ Condoriri, Galeria Sagarnaga, Sagarnaga 343, ☏ + FAX 319369, (Mo-Fr 9-12 u. 14:30-19 Uhr, Sa 9:30-12 Uhr).

Diplomatische Vertretungen

...in Bolivien...

- Ⓓ Deutsche Botschaft, Avenida Arce 2395, Casilla 5265, La Paz, ☏ 430850 oder 430854, FAX 431297.
- Ⓐ Österreichisches Generalkonsulat, Avenida 16 de Julio 1616, Edificio Petrolero, La Paz, ☏ 326601 oder 369863.
- ⒸⒽ Schweizerische Botschaft, Avenida 16 de Julio 1616, Edificio Petrolero, 6. Stock, Casilla 9356, La Paz, ☏ 353091 oder 355770, FAX 391462

Boliviens Vertretungen in...

- Ⓓ Botschaft der Republik Bolivien, Konstantinstr. 16, 53179 Bonn, ☏ 0228-362038, FAX 0228-355952, ✉ <boliviabonn@t-online.de>
- ♦ Außenstelle der Botschaft, Ingrid Guardia Haensel, Bismarckstraße 91, 10625 Berlin, ☏ 030-31503897, FAX 030-31503898.
- Ⓐ Bolivianische Botschaft, Waaggasse 10/4, 1010 Wien, ☏ 0222-5874675, FAX 0222-5866880.
- ⒸⒽ Bolivianisches Honorargeneralkonsulat, David Zaidner, Gartenstr. 33, 8023 Zürich, ☏ 01-2012833, FAX 01-20 12 825.
- ♦ Bolivianisches Honorargeneralkonsulat, Phillipe Guignard, Rue de Bourg 20, 1003 Lausanne, ☏ 021-3434399, FAX 021-3434302.

Einreisebestimmungen

Einreise

Staatsbürger Deutschlands, Österreichs und der Schweiz benötigen für die Einreise und einen Aufenthalt von nicht länger als drei Monaten einen Reisepaß, der noch mindestens sechs Monate Gültigkeit hat. Normalerweise erhält man bei der Einreise einen Stempel mit der Aufenthaltsdauer von 30 Tagen. Wer einen längeren Aufenthalt plant, sollte dies bei der Einreise rechtzeitig ansagen und bekommt dann i.d.R. einen Stempel für 90 Tage Aufenthalt. Verlängerungen sind auch in La Paz (bei der *migración*) und in anderen Großstädten möglich, doch kosten sie unnötig Zeit und Geld (US$ 20).

An der Grenze wird eine Einreisekarte ausgefüllt. Ein kleiner abgestempelter Abschnitt davon muß bis zur Ausreise im Paß aufbewahrt werden. Nicht verlieren! Außerdem ist es sinnvoll, eine Kopie seines Reisepasses zu machen und diese immer bei sich zu führen, da man sich ständig ausweisen muß (z.B. beim Busticketkauf, in Hotels, usw.). Den Paß selbst besser an einem sicheren Ort aufbewahren.

Zoll
Eingeführt werden dürfen 2 Flaschen Spirituosen, 200 Zigaretten, 50 Zigarren oder 500 g Tabak. Frischwaren wie Obst, Gemüse, Fleisch unterliegen einem Einfuhrverbot.

Familienurlaub/Kinder

Ein Familienurlaub mit kleinen Kindern ist in Boliven nicht ganz unproblematisch. Schon für viele Erwachsene ist das Reisen im Land mit langen staubigen Busfahrten, oftmals schlechtem Essen und anderen kleinen Abenteuern anstrengend genug - Kinder haben selten eine Freude daran.

Zu bedenken ist außerdem das Gesundheitsrisiko: Vor der hohen UV-Strahlung in den Anden müssen besonders Kinder geschützt werden, Durchfall und die damit verbundene Austrocknung des Körpers können für sie extrem gefährlich werden, um nur zwei Punkte zu nennen.

Eine Wanderung auf dem Choro Trail kann man nur mit größeren Kindern angehen, wenn diese schon Wander- und Outdoorerfahrung haben, unterwegs kaum etwas tragen müssen und wenn die Etappen entsprechend kurz gewählt werden.

Flora und Fauna

Hautnah erlebt man auf dem Trail mehrere Vegetationszonen. Beginnend in der Kargheit des Altiplanos, wo nur einige Büschel Ichugras, Flechten und kleine Moospolster wachsen, wird es schon nach dem ersten Abstieg hinter dem Apacheta Chukura Paß grüner (bzw. gelber, je nachdem in welcher Jahreszeit man wandert). Das Gras wird dichter und bildet zusammenhängende, aber dennoch recht spärliche, Weideflächen für Schafe, Maultiere und Lamas. Bald schon wachsen auch niedrige, dornige Büsche und verkrüppelte Bäumchen, die auf dem Weg nach unten langsam größer werden. Moose und Farne werden häufiger, Schmetterlinge und andere Insekten treiben ihr Unwesen in den schattigen Zonen.

Unzählige verschiedene Arten von Faltern flattern durch die immer heißer werdende Luft, Raupen hängen an unsichtbaren Fäden von den Bäumen. Gibt es in der felsigen Region um den Paß herum noch vereinzelte Greifvögel wie den schwarzweißen Caracara zu sehen, verstecken sich die Vögel weiter unten im Dickicht und bleiben trotz lautem Gesang meist unsichtbar.

Je weiter man vorankommt, desto höher werden die Bäume. Moos polstert ihre Äste, Lianen hängen hinunter. Schon am zweiten Tag läuft man an Bananenstauden vorbei. Mit Erreichen von Chairo ist man zwar immer noch über tausend Meter hoch, doch die Vegetation ist dicht. Der für Pflanzen und Tiere lebensfeindliche Paß scheint angesichts der grünen Umgebung Lichtjahre entfernt.

Fotografieren

☺ Ein Tip vorweg: nehmen Sie auf jeden Fall einige Filme mehr mit, als Sie ursprünglich geplant haben! Die Landschaft entlang des Trails, das Stadtleben und die Lage von La Paz, die bunten Märkte und interessanten Menschen bieten viele Motive. Bolivien ist einfach wahnsinnig fotogen!

Ausrüstung

Die meisten Traveller werden eine kleine Kompaktkamera im Gepäck haben, um ihre Urlaubseindrücke ohne viel Aufwand festzuhalten. Zudem haben diese Kameras ein geringes Gewicht und sind leicht im Rucksack oder selbst in der Jackentasche zu verstauen.

Wer sich der Fotografie intensiver widmen möchte, kommt an einer Spiegelreflexkamera mit Wechselobjektiven nicht vorbei. Neben dem mühsameren Transport ist auch ein Verlust einer solchen Ausrüstung durch Diebstahl oder Bruch gegenüber dem einer Kompaktkamera weitaus kostspieliger. Ich hatte vor der Abreise eine spezielle Fotoversicherung abgeschlossen. Im Gegensatz zur normalen Reisegepäckversicherung, die im Schadensfall nur 50% des Anschaffungswertes ersetzt, deckt die Kameraversicherung 100% des Schadens ab.

♦ Agrippina Versicherungen, Michael Marx, Hermannstr. 10, 35576 Wetzlar, ☎ 06441-54111 (Info zur Fotoversicherung).

☺ Da die Kamera und Objektive unter bolivianischen Bedingungen zwangsläufig verschmutzen, sollte man sie regelmäßig reinigen. Das Agfa-Fotogeschäft in La Paz gegenüber der Ecke Calle Sagarnaga/Av. Mariscal Sta Cruz (Plaza San Francisco) hat eine Pressluft-"Pistole", mit der sich das Gehäuse gründlich von Staub reinigen läßt. Wer nett fragt, bekommt eine Gratisreinigung. Außerdem ist es ratsam, tagsüber dem grellen Licht des Altiplanos durch ein Polfilter entgegenzuwirken.

Filme

Nur in La Paz und einigen anderen Großstädten oder Touristenzentren findet man ein recht gutes Filmsortiment. Viele Filme kann man zu niedrigen Preisen auf Märkten finden, doch dort haben sie teilweise lange in der Sonne gelegen und in ihrer Qualität gelitten. In La Paz gibt es allerdings eine Auswahl an Fotogeschäften, in denen man Filme guter Qualität findet. Die Preise sind in Bolivien allerdings ziemlich hoch: für einen Fuji Diafilm zahlt man beispielsweise den doppelten Preis wie in Deutschland. Agfa ist durchweg die günstigste Alternative. Preisbeispiele in US$:

Kodak Elite II, Diafilm, 100 Asa, 36 Aufn.	6
Agfa CTX, Diafilm, 100 Asa, 36 Aufn.	4,50
Fuji Sensia II, Diafilm, 100 Asa, 36 Aufn.	9
Agfa Bilderfilm, 100 Asa, 36 Aufn.	2,50
Kodak Bilderfilm, 100 Asa, 36 Aufn.	3,50

Transport

Günstig für die Wanderung sind Fototaschen, mit denen man die Kamera griffbereit, aber geschützt, am Hüftgurt des Rucksacks befestigen kann. Für Spiegelreflexkameras mit einem zusätzlichen Objektiv bietet sich z.B. die wasserdichte und stoßgeschützte Tasche "Aqua Zoom", für Kompaktkameras die identisch geschützte Tasche "Protect", beide von der Firma Ortlieb, an. Diese Taschen können auch mit einem Tragesystem kombiniert werden, das die Kamera vor der Brust fixiert. Zwar sieht man dann beim Laufen seine Füße nicht mehr, was manch einen stören mag, doch muß man beim Absetzten des Packs nicht jedes Mal darauf achten, daß die Kamera nicht auf den Boden schlägt.

☹ Da Langfinger es natürlich auch auf die Kameras der Touristen abgesehen haben, sollte man es vermeiden, mit einem vor dem Bauch baumelnden oder lose über der Schulter hängenden Fotoapparat durch die Straßen zu gehen. Eine unscheinbare Tasche oder das Tragen unter der Jacke minimieren das Diebstahlrisiko erheblich und sorgen dazu für ein angenehmeres Auftreten.

Menschenbilder

Auch wenn Menschen oft das Interessanteste eines Landes und einer Reise sind, darf gerade hier nicht wild drauflos fotografiert werden. Da es in der Vergangenheit immer wieder zu einem rücksichtslosen Verhalten von Touristen gekommen ist, die ohne zu fragen auf den Auslöser gedrückt haben, reagieren viele Bolivianer mittlerweile allergisch auf Fotoapparate. Vor allem ältere Menschen hängen noch dem Glauben an, daß es Unglück bringt, fotografiert zu werden und reagieren dementsprechend, wenn auf sie "gezielt" wird.

Besonders wo die Menschen häufig mit Touristen konfrontiert werden, wollen sie entweder überhaupt nicht oder nur gegen ein Trinkgeld geknipst werden. Auf jeden Fall muß man sein "Modell" vor dem Abdrücken um Erlaubnis fragen. Hier helfen ein paar Brocken der Landessprache sehr, und wenn man sich gut versteht, ist oft auch ein kostenloses Foto mit einem breiten Lächeln im Gesicht drin. Wer die Menschen nicht respektiert und diese Regeln, die einem schon der gesunde Menschenverstand vorgeben sollte, mißachtet, kann schon einmal mit fliegenden Steinen rechnen.

Geld

Boliviens Währungseinheit ist der Boliviano. Ein Boliviano (B) besteht aus 100 Centavos. Im Umlauf befinden sich Münzen zu 5, 10, 20 und 50 Centavos, sowie zu 1 und 2 Bolivianos und Scheine zu 5, 10, 20, 50, 100 und 200 Bolivianos. 1 DM = 3,30 B, 1 US$ = 5,80 B, (Stand 02/99).

Nach katastrophalen Inflationsraten in der ersten Hälfte der achtziger Jahre, ist der Boliviano heute eine der stabilsten Währungen Südamerikas mit einer Inflationsrate von rund 10%. Nachdem man Ende 1986 knapp 2 Mio Pesos für einen US Dollar erhielt, wurden am 1.1.1987 sechs Nullen gestrichen und die Währung in Boliviano umbenannt.

☹ Ein großes Problem ist, daß das Wechselgeld im ganzen Land äußerst knapp ist. Es kann soweit gehen, daß man mit einem größeren Geldschein nirgendwo einkaufen kann, weil niemand den Restbetrag herausgeben kann. Deshalb sollte man versuchen, die großen Scheine, die man oft beim Geldwechseln erhält, so schnell wie möglich loszuwerden.

Geldwechsel

Geld kann in Banken, Wechselstuben, teilweise in Hotels oder Reisebüros getauscht werden. Da man nur in einigen Wechselstuben und Banken DM tauschen kann, sollte man US Dollar in bar und in Travellerschecks mitbringen und diese dann vor Ort in Landeswährung tauschen. Es gibt eine Unzahl von Wechselstuben (*Casa de Cambio*) in La Paz, die teilweise geringfügig unterschiedliche Wechselkurse und Bearbeitungsgebühren haben. Im Kapitel über La Paz habe ich die günstigsten von ihnen aufgeführt. In Coroico kann man Dollar nur zu einem schlechten Kurs in einer Bank und zwei Hotels tauschen, weshalb man dorthin genügend Bolivianos mitbringen sollte.

In La Paz gibt es vor einigen Casas de Cambio und entlang des Prados Straßenwechsler, die mit einem Bündel Noten und einem Taschenrechner auf einem Hocker sitzend auf Kundschaft warten. Hier sollte man wirklich nur im Notfall wechseln, da es keinen besseren Wechselkurs gibt und man leichter übers Ohr gehauen wird. Für den Wechsel auf der Straße gilt genauso wie für Banken und Wechselstuben: sofort und vor Ort das Geld nachzählen!

☹ Achtung: stark zerknitterte oder beschriebene Dollarnoten werden meist nicht angenommen.

Travellerschecks
Auch Travellerschecks werden in Wechselstuben und manchen Banken gewechselt, wobei meistens eine Bearbeitungsgebühr von mindestens einem Prozent berechnet wird. Da die Schecks allerdings bei Verlust schnell ersetzt werden, sollte man nicht nur Bargeld mitbringen. Schecks von American Express sind die gängigsten, in vielen Wechselstuben werden aber auch solche von Thomas Cook und Visa angenommen.

Kreditkarten
Mit Kreditkarten kann in vielen Reisebüros sowie in Läden und Hotels der gehobenen Klasse bezahlt werden. Für den täglichen Gebrauch eignen sie sich nicht. Da es in La Paz aber viele Bankautomaten gibt, die Visa oder Mastercard akzeptieren, kann auch auf diese Weise Bargeld besorgt werden.

Sicherheit
Da es leider immer wieder zu Diebstählen kommt, die oft durch eigene Unachtsamkeit passieren, sollte man sein Geld niemals

an einem einzigen Ort aufbewahren! Einige Scheine als Notreserve im Schuh, den größten Anteil im Geldgürtel und das Geld für die nächsten Tage im Portemonnaie, ist eine Aufteilung, die ich mir angewöhnt habe. Eine andere Variante, die ich bei vielen gesehen habe, sind Geldkatzen, in die auch Reisepaß und Flugticket passen, die eng um die Hüfte geschnallt werden.

Gesundheit

Höhenkrankheit (Soroche)

Wer von zu Hause direkt nach La Paz fliegt, dem wird die große Höhe auf der die Stadt liegt (3.600-4.000 m hoch), in den ersten Tagen höchstwahrscheinlich Probleme bereiten. Zwar reagiert jeder Körper anders auf die dünne Luft mit ihrem viel geringeren Sauerstoffgehalt, doch leichte Kopfschmerzen dürften das mindeste sein, was in den ersten Tagen durchzustehen ist. Andere häufig auftretende Symptome sind Müdigkeit, Schlappheit, Appetitlosigkeit, bei einigen Menschen auch Übelkeit und Erbrechen. Da das Blut nur noch mit etwa 70% Sauerstoff versorgt wird, ist man zu Beginn schon bei leichten Anstrengungen kurzatmig.

In den ersten Tagen sollte man es daher ruhig angehen lassen und Alkohol, Zigaretten und deftiges Essen meiden. Statt dessen dem Körper viel Flüssigkeit, z.B. Wasser oder Kokatee zuführen (als Teebeutel zu kaufen oder frisch aufgebrüht an Straßenständen zu genießen), um die Auswirkungen der Soroche zu verringern.

Bevor man eine Rundreise beginnt oder sich auf den Choro Trail begibt, sollte man sich auf jeden Fall akklimatisieren und wieder vollends wohl fühlen.

Nicht zu unterschätzen ist das Risiko, das von einer schweren Form der Höhenkrankheit ausgehen kann, die aber normalerweise erst in Höhen ab 4.000 m eintritt. Wird nicht sofort mit einem Abtransport des Betroffenen in geringere Höhen reagiert, kann es schlimmstenfalls zu einem tödlichen Gehirn- oder Lungenödem kommen. Die Anzeichen für eine akute Höhenkrankheit sind starke Kopfschmerzen, Schwindelgefühl bis zur Bewußtlosigkeit, Erbrechen, starker Husten und Auswurf von rötlichem Schaum. Wieder äußern sich die Symptome bei jedem Menschen anders, doch besteht ein Verdacht auf akute Höhenkrankheit, muß sofort gehandelt werden.

Durchfall

Die häufigsten Erkrankungen von Reisenden in Südamerika sind Magen- und Darmstörungen, und kaum jemand wird davon verschont werden. Die Auslöser sind vielfältig und nicht immer wird man den Ausbruch von Durchfall auf eine bestimmte Begebenheit zurückführen können. Normalerweise sind das anfangs noch ungewohnte Essen, verschmutztes Wasser und die schlechten Hygienezustände für die Probleme, die jeder gern vermeiden möchte, verantwortlich. Es gibt zwar viele gute Ratschläge, wie man sich schützen kann, doch die meisten davon sind in der Praxis nicht durchzuführen.

- Wenn möglich sollte man folgendes vermeiden:
* Salate und ungekochtes Gemüse,
* bereits geschälte Früchte,
* Eiswürfel und Eiscreme,
* Speisen, die nicht mehr gut aussehen (hier muß jeder selbst entscheiden).

Wer dennoch an einer Darminfektionen mit Durchfall erkrankt, sollte sich einige Tage Ruhe gönnen und folgendes beachten:

* Viel trinken, vor allem mit Elektrolytmischungen versetztes Wasser, das die Dehydration verhindert. Kleine Pulverpäckchen mit dem Namen "Suero de la Vida" sind in Apotheken erhältlich, ca US$ 1. Auch Tee und klare Brühen sind gut. Man kann sich auch selbst einen Drink

mischen, um die Mineralienverluste auszugleichen: ½ Teelöffel Kochsalz, 10 Teelöffel Zucker, 1 Tasse Fruchtsaft auf einen Liter Wasser.

✱ Nach erstem Auftreten von Durchfall möglichst eine Nahrungspause von mehreren Stunden einlegen, danach langsam wieder anfangen und Sachen wie Zwieback, Kekse und Speisen ohne Fett, wie z.B. Reis (pur) essen.

✱ Symptome und den Verlauf der Erkrankung beobachten. Hat man Blut im Stuhl oder kommt es zum Durchfall, Erbrechen und Fieber, muß ein Arzt aufgesucht werden.

✱ Hält starker Durchfall länger als drei Tage an, sollte ein Arzt aufgesucht werden oder eine Behandlung mit Antibiotika (z.B. Ciprofloxacin, 2x1 Tablette für 3 Tage, nach Durchfallende die Einnahme stoppen.) eingeleitet werden, das man vor Ort ohne Rezept in Apotheken erhält.

✱ Wer trotz seiner Erkrankung reisen muß, kann die Darmaktivitäten vorübergehend mit Mitteln wie Immodium lähmen. Das Problem hierbei ist, daß auch die Krankheitserreger im Körper bleiben, weshalb die Mittel nicht unnötig lange eingenommen werden sollten.

Impfungen

Zwar sind offiziell keine Impfungen für die Einreise nach Bolivien vorgeschrieben, doch sollte man sich trotzdem gegen die Erreger einiger Krankheiten impfen lassen. Am besten läßt man sich von der örtlichen Impfanstalt oder einem Tropeninstitut, notfalls auch vom Hausarzt oder in einer Apotheke beraten und einen Impfplan aufstellen. Ca. ein Vierteljahr vor Reiseantritt sollte man sich um diese lästige und leider auch teure Angelegenheit kümmern, da bei einigen Impfungen mehrere Spritzen und Mindestabstände erforderlich sind. Sinnvolle Impfungen sind:

Hepatitis A

Die sogenannte infektiöse Gelbsucht wird durch Bakterien in der Nahrung und im Wasser übertragen und ist in Bolivien verbreitet. Die ersten zwei Impfungen erhält man vor Reiseantritt, womit man für ein Jahr geschützt ist. Nach der dritten Impfung (ca. ¾ Jahr nach der ersten) ist man für ca. 10 Jahre geschützt.

Hepatitis B
Noch vor nicht allzu langer Zeit war man der Meinung, daß sich diese Art der Hepatitis nur durch Transfusionen, Spritzen und sexuellen Kontakt überträgt. Nach neuesten Erkenntnissen kann Hepatitis B aber auch durch Tröpfchenflug, u.ä. übetragen werden.

☺ Für Hepatitis A und B gibt es einen Kombinationsimpfstoff, der eine Spritze erspart und außerdem etwas günstiger ist, als zwei einzelne Impfungen. Kosten pro Injektion ca. DM 125.

Cholera
Immer wieder hört man von Cholerafällen in Bolivien, was insbesondere durch die meist schlechten Hygienezustände im Land kommt. Die Darminfektion führt zu starken Durchfällen. Seit einiger Zeit ist eine recht wirksame Schluckimpfung erhältlich, die sechs Monate Schutz gewährt (ca. DM 50). Die Vorsichtsmaßnahmen auf der Reise sollte man deshalb trotzdem nicht vernachlässigen.

Gelbfieber
Gelbfieber wird von Stechmücken übertragen und tritt im Land immer wieder auf. Da man auf dem Trail auch von Mücken gepeinigt wird, ist eine Impfung, die 10 Jahre Schutz bietet, sinnvoll (ca. DM 50).

Typhus
Typhus ist eine bakterielle Darminfektion, die durch eine Salmonellenart hervorgerufen wird. Eine Immunisierung wird vor allem Reisenden empfohlen, die längere Zeit schlechten

Hygienebedingungen ausgesetzt sind. Mit einer Schluckimpfung (ca. DM 40), die drei Mal im Abstand von je zwei Tagen Zuhause eingenommen werden kann, ist man für ca. ein Jahr geschützt.

Tollwut

Tollwut-Viren werden durch Bisse oder Kratzwunden von Tieren wie Hunden oder Katzen übertragen. Ist man infiziert, gibt es außer einer sofortigen Impfung (an die man zwar in La Paz, nicht aber auf einer mehrtägigen Wanderung schnell herankommt) keine Behandlungsmöglichkeit. Lähmungen, die auch die Atemmuskulatur befallen, führen normalerweise zum Tod. Die Chance, von einem mit Tollwut befallenen Tier (aggressiv, keine Scheu vor Menschen) gebissen zu werden, ist verhältnismäßig gering, doch bei den vielen herumstreunenden Hunden (☞ Sicherheit/Gefahren, Hunde) durchaus möglich. Da die dreimalige Impfung insgesamt über DM 200 kostet, muß jeder für sich entscheiden, ob sie wirklich notwendig ist.

Malaria

Da es im Gebiet des Choro Trails keine Malaria gibt (Übertragung durch den Stich der weiblichen Anophelesmücke), ist eine Prophylaxe nicht notwendig.

AIDS

Die tödliche Krankheit (auf Spanisch SIDA genannt) kann durch sexuelle Kontakte, Behandlungen beim Arzt mit nicht sterilisierten Instrumenten und durch Bluttransfusionen und Medikamente, die aus Blut gewonnen werden, übertragen werden. Deshalb sollte man sexuelle Kontakte mit Fremden meiden, ansonsten auf jeden Fall Kondome verwenden. Beim Arzt muß man sich auf jeden Fall davon überzeugen, ob die Instrumente sterilisiert worden sind, am besten auch seine eigenen Spritzen und Kanülen (zu Hause günstig in Apotheken zu bekommen) mitbringen. Bluttransfusionen nur bei Lebensgefahr zustimmen.

Tetanus, Diphtherie, Polio
Diese Impfungen sollte man auch ohne Fernreise zu Hause regelmäßig, d.h. alle 10 Jahre, auffrischen.

Tips für den Trail
Ein kleines Erste-Hilfe-Set gehört auf jeden Fall in den Rucksack (s.u.). Da der Weg sehr viel bergab führt, müssen vor dem Start unbedingt noch einmal die Fußnägel geschnitten werden, weil es sonst zu bösen Entzündungen kommen kann. Ich habe schon davon gehört, das Nägel nach dem Choro Trail gezogen werden mußten.

Krankenversicherung
Eine Auslandsreise-Krankenversicherung deckt die Kosten für Arzt- und Krankenhaushonorare, Operationen und Arzneimittel, Bergungen und Krankentransporte und oft Überführungen ins Heimatland. Jede Versicherung hat ihre Vor- und Nachteile und vor dem Abschluß sollte genau verglichen werden.

Sehr gut finde ich die sogenannte TravelMed-Card, die neben den Leistungen einer üblichen Krankenversicherung telefonische Beratung unter einer Notfallnummer in Deutschland bietet. Dort sind rund um die Uhr Ärzte zu erreichen, die auch Spanisch sprechen und so im Notfall mit Kollegen in Bolivien absprechen können, welche Maßnahmen (evtl. Rückführung nach Hause) erforderlich sind. Für ein Jahr mit beliebig vielen Reisen bis 42 Tage, kostet die Versicherung ca. DM 90. Verlängerungen des Schutzes über 42 Tage hinaus sind möglich, kosten allerdings extra.

♦ Centrum für Reisemedizin, TravelMed-Card Service, Oberrather Str. 10, 40472 Düsseldorf, ☎ 0211-9042911, FAX 0211-9042999.

Erste-Hilfe-Set
- ☐ Kopfschmerztabletten
- ☐ stärkere Schmerztabletten
- ☐ Halsschmerztabletten

- [ ] 1x Breitband-Antibiotikum für Erkältungen, usw.
- [ ] 1x Antibiotikum für Magen-Darminfektionen
- [ ] Elektrolytmischung (z.B. Oralpädon)
- [ ] Durchfallstopper (z.B. Immodium)
- [ ] Sportsalbe (z.B. Voltaren Emulgel)
- [ ] Salbe gegen Insektenstiche und Sonnenbrand
- [ ] Desinfektionsmittel
- [ ] Rettungsdecke
- [ ] Pflaster
- [ ] Dreiecktuch
- [ ] elastische Bandage
- [ ] Verbandpäckchen
- [ ] Wundauflagen
- [ ] Einmalspritzen/-kanülen
- [ ] Schere
- [ ] Sicherheitsnadel
- [ ] Fieberthermometer

Deutschsprachige Ärzte in La Paz

- Clinica Alemana, Av. 6 de Agosto 2821, ☏ 433023, 432521 u. 327521
- Dr. Fernando Arispe, Allgemeinmedizin, Av. 20 de Octubre/Ecke Calle Belisario Salinas 402, ☏ 012-91629, 390711, 785825 (privat).
- Dr. Luis Alberto Ballon Prado, Orthopäde, Av. Arce/Ecke Calle Campos, Edificio Illimani, Büro 8, Erdgeschoss, ☏ 431902 (Praxis).
- Dr. Marcial Cardenas Rivero, Frauenarzt, Calle 21 8345/Ecke Pasaje I. Cordero, Edificio Torres I, Piso 1, San Miguel, ☏ 799798, 795652.

Informationen

Offizielle Informationen zum Land werden von der deutschen Botschaft Boliviens herausgegeben, die quasi als Fremdenverkehrsamt fungiert. Für die Einsendung von DM 5 bekommt man eine dicke Broschüre mit historischen und landeskundlichen Informationen, vielen Bildern und Reisetips in Kurzform.

- Bolivianische Botschaft, Konstantinstr. 16, 53179 Bonn, ☏ 0228-362038, FAX 0228-355952, 🖳 <http://www.etn.de/bolivien> ✉ <boliviabonn@t-online.de>

✱ Eine wahre Fundgrube an Informationen bietet der **South American Explorers Club**. Mit der Zentrale in den USA und Büros in Lima und Quito will der Verein allen Südamerika-Reisenden helfen und kann meist selbst die kniffligsten Fragen beantworten. Viele Traveller haben kurze Reportagen über ihre Reisen verfaßt, die thematisch vorliegen. Wer auf einer größeren Tour über Lima kommt, sollte dort auf jeden Fall das Büro in der Avenida Portugal 146 (Stadtteil Breña) besuchen. Es ist ein Ruhepol in der lauten, chaotischen Stadt. Der volle Service, der auch einen Mail-order-service von Büchern und Landkarten beinhaltet und bald einen Zugang übers Internet zu allen Trip Reports bietet, ist allerdings Mitgliedern vorenthalten. Die Preise für eine Jahresmitgliedschaft liegen z.Z. bei US$ 40 für Einzelpersonen und US$ 70 für Ehepaare.

- South American Explorers Club, 126 Indian Creek Rd., Ithaca, NY 14850, ☎ 001-607-277-0488.
- South American Explorers Club, Casilla 3714, Lima 100, Peru, ☎ + FAX 511-425-0142, <montague@amauta.rcp.net.pe>

✱ Wer sich bereits vor Ort befindet, kann in La Paz das Touristenbüro aufsuchen und bekommt ansonsten oft gute Infos in Reisebüros und bei Touranbietern, die gern helfen, selbst wenn sie nichts verkaufen können (☞ La Paz).

✱ Das Internet wird ein immer wichtigerer Faktor zur Informationsbeschaffung und Kommunikation, auch in und für Bolivien. Zum einen können Reisende sich schon vor dem Abflug über das Land informieren, zum anderen über e-mails und Chaträume mit den Zuhausegebliebenen in Verbindung bleiben, was gerade beim langsamen Service der bolivianischen Post und hohen Telefongebühren an Bedeutung gewinnt.

- <www.etn.de/bolivien> (Infos der Botschaft).
- <www.latinwide.com/boltimes> (einzige englischsprachige Zeitung).

Über das inzwischen weit verbreitete System kostenloser Briefkästen im Internet durch Anbieter wie z.B. *Hotmail*, haben immer mehr Menschen einen Internet-Briefkasten, können e-mails schreiben und empfangen. Ich habe mir erst kurz vor

Abreise eine Adresse eingerichtet und war davon später total begeistert. Da es in den bolivianischen Großstädten inzwischen mehr Internet-Cafés gibt, als in einigen deutschen Metropolen, hat man keine Probleme, ins Netz zu kommen (☞ La Paz).

Karten

✱ Sehr gut und detailliert sind die topographischen Karten des geografischen militärischen Instituts, IGM (Instituto Geográfico Militar). Sie haben einen Maßstab von 1:50.000 und kosten US$ 8 pro Stück, Kopien US$ 6. Man bekommt die Karten entweder in Reisebüros, wo die Preise oft höher liegen oder im Büro des IGM, in der Calle Juan XXIII 100, einer Sackgasse, die in einer Kurve von der Calle Rodríguez zwischen Calle Linares und Calle Murillo abgeht. Die für den Choro Trail benötigten Karten sind: IGM Milluni 5945 II, Unduavi 6045 III.

♦ IGM, Calle Juan XXIII 100, oberhalb der Post gelegen, Mo-Do ☏ 8:30 bis 12:00 + 14:30-18:00, Fr ☏ 8:00 bis 14:00).

✱ Auch gut ist die Karte "Mountain Maps, Cordillera Real Recreation Map and Guide to the Inca Trails", von O'Brien Cartographics, US$ 10. Der Maßstab ist 1:150.000 mit Höhenlinien und Beschreibungen zu verschiedenen Trails der Cordillera Real auf der Rückseite. Diese Karte gibt es bei Touranbietern und in einigen Buchläden und ist vor Ort günstiger zu bekommen als in Europa.

✱ Eine kleine Übersichtskarte vom Secretaria Nacional de Turismo, die zur Not auch auf der Wanderung benutzt werden kann, gibt es im Touristenbüro in La Paz für US$ 1.

Klima

In Bolivien gibt es keine wirklichen vier Jahreszeiten. Es gilt zu unterscheiden zwischen der Trockenzeit (dort Herbst/Winter) und der Regenzeit (dort Frühling/Sommer). Da Bolivien auf der südlichen Erdhalbkugel liegt, sind die Jahreszeiten genau entgegengesetzt zu Europa. Von Mai bis Oktober ist es im allgemeinen trocken und kühl, von November bis April dagegen feucht und warm. Zwischen Dezember und März regnet es so gut wie jeden Tag, meist nachmittags.

Da sich der Choro Trail über ein so großes Höhenspektrum ausdehnt, ist neben der Vegetation auch das Klima sehr vielfältig. Am ersten Tag befindet man sich durchweg auf über 3.500 m, was sich vor allem nachts bemerkbar macht. Die Temperaturen können dann bis auf unter null Grad fallen. An einem windstillen Tag ist es in der Sonne normalerweise warm genug für T-Shirt und Shorts, doch kommt Wind auf und regnet oder schneit es vielleicht auch noch, wird es schnell eisig kalt. Da die Yungas eine solch steile Barriere zwischen dem tropischen Tiefland und dem Altiplano bilden, kann es dort das gesamte Jahr über zu Regenfällen kommen, da die warme Luft bei ihrem Anstieg schnell abkühlt.

Je weiter man vorwärts und damit auch in geringere Höhenlagen kommt, desto wärmer wird es. Schon am zweiten Tag kommt man durch eine Zone, in der das Thermometer, vorausgesetzt es regnet nicht, das ganze Jahr über auf ca. 25° klettert, auf der letzten Etappe sind es häufig über 30°. Auch nachts wird es nicht sehr viel kälter.

Am Apacheta Chukura Paß kann das ganze Jahr über nachmittags starker Nebel aufkommen und die Orientierung auf diesem ohnehin schon schwierigen Abschnitt unmöglich machen. Deshalb sollte auf jeden Fall früh in La Paz gestartet werden.

Literatur

Bücher
Bolivien, Dirk Bruns, Mundo Express Handbuch.
Bolivien, Thomas Pampuch/Agustín Echalar, Beck Verlag.
Die offenen Adern Lateinamerikas, Eduardo Galeano.

Bolivia, D. Swaney, Lonely Planet (englisch)
Boliva Handbook, A. Murphy, Footprint Handbooks (englisch)

Zeitschriftenartikel
Outdoor 6/96, Choro Trail
Geo-Special, Anden und die Welt der Inka, 10/97

Post und Telekommunikation

Post schicken
Die bolivianische Post ist zwar nicht sehr schnell (Briefe nach Europa benötigen mindestens eine Woche, Postkarten können schon einmal drei Wochen für die Reise brauchen), doch i.d.R. zuverlässig.

Dennoch sollte man wirklich wichtige und dringende Sendungen, wie z.B. von Filmen, nicht der bolivianischen Post anvertrauen, sondern von einem Kurierunternehmen wie UPS oder DHL befördern lassen.

♦ DHL-La Paz, Av. 14 de Septiembre 5351, Obrajes, La Paz, ☎ 02-785522

Porto für Briefe/Postkarten
bis 20 g - US$ 1
21 bis 30 g - US$ 1,20
31 bis 50 g - US$ 2

Pakete
1 kg - 23 US$
2 kg - 35 US$

☺ Um Briefe, Postkarten, etc. zu verschicken, muß immer ein Postamt aufgesucht werden, da es sonst nirgendwo Briefkästen gibt.

Post empfangen
Wer länger auf Reisen ist, freut sich garantiert über Post von zu Hause. In La Paz können sich Besitzer von American Express Kreditkarten oder Reiseschecks Briefe und Postkarten (keine Päckchen, Pakete oder Einschreiben) an die Amex Vertretung *Magri Turismo* schicken lassen:

```
Name des Empfängers
American Express - Servicio de Correo
c/o Magri Turismo Ltda.
Av. 16 de Julio 1490, 5°
PO Box 4469
La Paz, Bolivien
```

Postsendungen können auch an das Hauptpostamt geschickt werden, wo sie bis zu 90 Tagen aufbewahrt werden.

```
Name des Empfängers
Poste Restante
Correos Central
La Paz, Bolivien
```

Telefonieren

Die Vorwahl von Deutschland nach Bolivien ist 00591, die "0" der Stadtvorwahl dann nicht mitwählen. (La Paz: 02, Coroico: 0811).

Für Anrufe aus Bolivien nach Deutschland 0049, nach Österreich 0043, in die Schweiz 0041 wählen.

Die Telefonverbindungen zwischen Bolivien und Europa sind normalerweise sehr gut. Aus Kartentelefonen in La Paz können selbst von der Straße aus Ferngespräche geführt werden. Mir war es allerdings lieber, eines der Büros der Telefongesellschaft ENTEL (☞ La Paz und Coroico) aufzusuchen. Dort kann man aus kleinen Kabinen ungestört telefonieren und anschließend bezahlen.

Eine Minute nach Europa kostet Mo-Fr 7.00-20:00 US$ 2, ab 21:00 nur US$ 1,60, Sa und So ganztägig ebenfalls nur US$ 1,60. Das Senden eines Faxes kostet US$ 2/Minute, der Empfang US$ 0,40/Seite.

Für Gespräche aus Telefonzellen werden oft Karten benötigt, die es für 10, 20 und 50 Bolivianos gibt.

Radfahren

Wer vom Wandern noch nicht genug hat, kann Coroico auch im Sattel erreichen. In La Paz können Touren gebucht oder Mountain Bikes gemietet werden, um die angeblich "gefährlichste Straße der Welt" hinunterzudüsen.

Die Piste in die Yungas ist wirklich wild und hat schon viele Todesopfer - in Bussen und Trucks (die man in regelmäßigen Abständen zerschellt im Regenwald unterhalb der Straße ausmachen kann), nicht aber auf dem Rad - gefordert.

In weniger als 100 km geht es 3.500 m bergab und nur der erste Teil der Abfahrt nach dem Anstieg von La Paz zum La Cumbre Paß (wo auch die Wanderung beginnt), ist asphaltiert. Danach beginnt eine Lehmpiste, die im Lonely Planet-Reiseführer über Bolivien einst die "gefährlichste Straße der Welt" genannt wurde.

Unter Reisenden hört man diese Bezeichnung noch heute regelmäßig, und auch im Geo-Special "Anden" (10/97) ist von der "Todesstraße" die Rede.

Ist es trocken, ist die Fahrt nach Coroico kein Problem, sofern man gute Nerven hat und vorher seine Bremsen durchcheckt. Hat es geregnet, sieht die Sache schon etwas anders aus und für echte Mountainbiker beginnt jetzt wohl erst der Spaß: Die Piste wird total matschig und rutschig, Wolken und Nebel hängen in den Wänden. Neben der Kante geht es teilweise bis zu tausend Meter senkrecht hinab, kleine Wasserfälle plätschern über den Weg. Bevor Bolivianer diese Strecke befahren, opfern sie etwas Koka und Alkohol an die Götter. Angesichts der vielen Wracks in den Schluchten, ist dies wahrscheinlich eine sinnvolle Maßnahme.

Der Rücktransport der Räder ist kein Problem. Sie werden einfach aufs Dach der Busse, die von Coroico nach La Paz fahren, geladen, und evtl. muß ein kleiner Aufschlag bezahlt werden.

♦ Bolivian Journeys, Calle Sagarnaga 363, La Paz, PO Box 4938, La Paz, ☏ + FAX 591-2-357848, <bolivian.journeys@mailexite.com>

Organisierte Touren:
- Gravity Assisted Mountain Biking, America Tours, Av. 16 de Julio 1490, Oficina 9, ☎ 374204, ✉ alistairm@hotmail.com
- Explore Bolivia, Calle Sagarnaga 339, ☎ + FAX 391810, ✉ explobol@ceibo.entelnet.bo

Reisezeit

Boliviens bevorzugte Reisemonate sind Mitte Juni bis Mitte September. Das liegt nicht nur daran, daß in diesen Monaten die europäischen und nordamerikanischen Ferien liegen, sondern auch am besseren Wetter, das in dieser Jahreszeit vorherrscht (☞ Klima). Allerdings trifft man dann auch die meisten Touristen an, die Preise für Übernachtungen, Busfahrten und organisierte Touren liegen höher als sonst und auch auf dem Choro Trail ist relativ viel los.

Wer kurze Regenschauer und ein paar Wolken am Himmel aushält, kann in den Monaten Mai und Oktober etwas ruhiger reisen, hat den Choro Trail fast für sich allein und spart an vielen Ecken Geld.

Sicherheit/Gefahren

Diebstahl, Überfälle

Auch wenn aus Südamerika vorwiegend negative Nachrichten nach Europa dringen, die sich vor allem über die hohen Kriminalitätsraten auslassen, kann man beruhigt nach Bolivien reisen. Der Andenstaat ist eines der sichersten Reiseländer Südamerikas, und wer seinen natürlichen Menschenverstand benutzt, wird keine Schwierigkeiten haben.

Natürlich werden Leute immer wieder bestohlen, doch - das muß man leider deutlich sagen - liegt es meist an ihnen selbst. Besonders in großen Menschenansammlungen, z.B. auf Märkten oder Busbahnhöfen darf man sein Gepäck nie aus den Augen und erst recht nicht aus den Händen lassen.

Wer mit dem Bus reist, tut gut daran, seine Fahrkarte schon am Tag vorher und ganz ohne Gepäck (und Hektik) im Busbahnhof zu besorgen.

Es gibt unzählige Tricks, die sich Gauner erdacht haben, um an ihre Beute zu kommen. Beliebt sind Rempeleien und Ablenkungsmanöver, an denen mehrere Personen beteiligt sind. Während man mit dem einen beschäftigt ist, wird man vom anderen bestohlen. Auch werden mit Rasiermessern Taschen und Rucksäcke aufgeschlitzt, ohne daß man es bemerkt. Entdeckt man suspekte Gestalten, hilft es oft, ihnen direkt in die Augen zu schauen, um sie loszuwerden. In Städten ist es angebracht, sich abends und nachts ein Taxi zu nehmen.

Ein fieser Trick, von dem man immer wieder hört, ist die Betäubung von Touristen durch hoch dosierte Schlafmittel in Speisen, Drinks, Bonbons, Kaugummi, etc. Deshalb sollte man, auch wenn der Gönner einen sympathischen Eindruck macht, lieber auf eine Einladung verzichten.

Für den Fall, daß die Kreditkarte gestohlen wird, muß man die Telefonnummern der Gesellschaften sowie seine Kartennummer an einem getrennten Platz aufbewahren, um sofort anzurufen und sie sperren zu lassen. Auch die Kaufbelege von Travellerschecks sollten getrennt von den Schecks aufbewahrt werden. Nach einem Diebstahl bekommt man dann nach Vorlage eines Polizeireports und der Belege meist schnell Ersatz.

Auf dem Choro Trail ist es schon mehrfach zu Diebstählen gekommen, 1990 sogar zu einem Mord an einem Schweden. Doch diese Zeiten sind zum Glück vorbei, und Überfälle sind schon lange nicht mehr passiert. Zu Diebstählen kommt es nur noch aus Unachtsamkeit von Wanderern, die ihre Ausrüstung nachts vor dem Zelt lassen. Deshalb gilt: immer alles mit hinein nehmen, selbst die Schuhe!

Drogen

Wahrscheinlich wird es nicht nur einmal passieren, daß einem in Hotels oder auf offener Straße Haschisch oder andere Drogen angeboten werden. Auf jeden Fall sollte man die Finger davon lassen, da nicht selten Undercover Leute der Polizei als Dealer arbeiten und man so in erhebliche Schwierigkeiten kommt.

Auch wer mit Drogen im Gepäck erwischt wird, ist dran (deshalb nie Gepäck von Unbekannten mitnehmen und aufpassen, daß einem nichts zugesteckt wird). Zumindest wird man in Untersuchungshaft kommen und einige Zeit auf Hilfe warten können.

Hunde

Ein nicht zu unterschätzender Faktor sind die Hunde, die vor allem in den Städten herumstreunen und vom Abfall leben. Oft werden sie urplötzlich aggressiv und kommen zähnefletschend bedrohlich nah. Da man sich nie sicher sein kann, ob sie vielleicht von Tollwut befallen sind, ist ein Biß gefährlich.

Doch es gibt einen recht guten Trick, die Köter loszuwerden. Fast alle südamerikanischen Hunde scheinen schon einmal von fliegenden Steinen getroffen worden zu sein, und so genügt es meist, sich zu bücken und so zu tun, als hebe man einen Brocken auf. Die meisten Vierbeiner suchen dann schon das Weite. Hilft es nichts, kann man im Notfall immer noch tatsächlich einen Stein werfen.

Naturgefahren

Auf dem Choro Trail muß man sich nur auf der ersten Etappe vor den Launen der Natur in acht nehmen. Im Bereich des **Apacheta Chukura Passes** zieht fast das ganze Jahr über nachmittags dichter Nebel auf, der die Orientierung auf diesem ohnehin schon schwierigen Abschnitt fast unmöglich macht.

Außerdem kann es das ganze Jahr über schneien und empfindlich kalt werden. Aus diesem Grund sollte man so früh wie möglich im Bus aus La Paz starten, um schon am Vormittag den Paß hinter sich gebracht zu haben. Erwischt einen der Nebel, ist es am sichersten, zurückzulaufen, weiter unten sein Camp zu errichten und die Wanderung erst am nächsten Tag fortzusetzen.

Solo- und Gruppentouren

Man kann den Trail entweder allein oder in einer kleinen, selbst organisierten Gruppe laufen oder an einer von einem Touranbieter geführten Tour teilnehmen. Letzteres ist sicher die komfortabelste und sicherste Variante, doch haben Einzelwanderer den Vorteil, eigene Entscheidungen treffen zu können und ungebunden von einer Gruppe zu sein. Ganz allein zu wandern ist nur in der Hauptsaison ratsam, wenn man immer wieder auf Leute trifft, die bei einem Unfall, wie z.B. einem verstauchten Fuß, helfen können.

Da viele Leute allein in Südamerika reisen, aber nicht allein wandern möchten, muß zunächst die Schwierigkeit überwunden werden, Partner zu finden. Am besten geht das, indem man bei Touranbietern oder Ausrüstungsläden nach Leuten fragt, die allein wandern möchten, und indem man Anschläge an den schwarzen Brettern einiger Hotels macht. In La Paz hängen sie u.a. in folgenden Unterkünften: Hostal Austria, Hotel Torino, Alojamiento Universo (Adressen, ☞ La Paz)

Organisierte Touren auf dem Choro Trail werden von vielen Veranstaltern in La Paz angeboten. Vor dem Buchen sollte man sich genau über die Leistungen, die im Preis inbegriffen sind, informieren, da von Anbieter zu Anbieter zum Teil erhebliche Unterschiede bestehen. Wichtige Fragen:

Welche Ausrüstungsgegenstände werden gestellt?
Von welcher Qualität ist die Ausrüstung (wichtig z.B. das Zelt)?
Wie sieht die Verpflegung unterwegs aus?
Wird abgekochtes/entkeimtes Trinkwasser gestellt?
Wie lang sind die Etappen?
Wo wird übernachtet?
Wie groß ist die Wandergruppe?
Welcher Teil vom Gepäck wird von Trägern getragen?
Gibt es einen Koch?

Spricht der Führer Englisch?
Ist der Transport zum Startpunkt bzw. vom Endpunkt inklusive?
(Privat oder mit öffentlichen Verkehrsmitteln?)
Wird noch eine Nacht in Coroico (wenn ja, in welchem Hotel) übernachtet?

Die Preise für geführte Touren liegen je nach Anbieter, Umfang der Leistungen und Gruppengröße zwischen 80 und US$ 300.

Auswahl von Veranstaltern in La Paz

- Yossi Brain Mountaineering and Trekking America Tours, Av. 16 de Julio 1490, 1° oficina 9, ☏ + FAX 00591/2/415530.
- Bolivian Journeys, Calle Sagarnaga 363, ☏ + FAX 357848,
  ✉ boljour@ceibo.entelnet.bo
- Colibri, Calle Sagarnaga 309, ☏ 371936, FAX 355043,
  ✉ acolibri@ceibo.entelnet.bo
- Trekbolivia, Calle Sagarnaga 392, ☏ 317106,
  ✉ trekbo@ceibo.entelnet.bo
- Explore Bolivia, Calle Sagarnaga 339, ☏ + FAX 391810,
  ✉ explobol@ceibo.entelnet.bo.
  Deutsche Vertretung: Explore Bolivia, Wolfgang Richter, Leipziger Str. 22, 63329 Egelsbach, ☏ + FAX 06103-45334

Transport

Eine Reise durch Bolivien darf nicht minutiös geplant werden, denn dann wäre sie schon von vornherein zum Scheitern verurteilt. Busse, das Haupttransportmittel der meisten Touristen, fahren verspätet ab, brauchen länger als geplant oder haben eine Panne, und schon ist der Zeitplan eines Planungsfanatikers durcheinander geworfen. Zwar sind nur zum Start- und vom Endpunkt des Choro Trails Busfahrten erforderlich, doch schon hier könnte theoretisch einiges schiefgehen. Gerade auf der Fahrt von Coroico nach La Paz kann es bei schlechtem Wetter zu Verspätungen kommen. Ein Freund mußte eine ganze Nacht im Bus verbringen, weil dieser von einer Schlammlawine eingeschlossen wurde.

Bereits seit einiger Zeit wird an einer neuen Straße von La Paz in die Yungas gebaut, doch bis diese fertiggestellt ist, bleibt es abenteuerlich.

☞ Für Abfahrtszeiten von La Paz nach La Cumbre und von Coroico zurück nach La Paz, ☞ in der Tourbeschreibung.

Trinkwasser

Entlang des Trails gibt es regelmäßig Bäche, aus denen man sich mit Trinkwasser versorgen kann. Allerdings darf das Wasser nicht unbehandelt getrunken werden. Entweder man filtert es mit einem kleinen Wasserfilter oder man behandelt es mit Wasserentkeimern wie *Micropur* oder *Certisil*. Weil dabei die Mittel längere Zeit einwirken müssen, sollte man zwei Flaschen mitnehmen, um in einer immer frisches Wasser zu haben, während in der anderen die Tropfen wirken.

Übernachten

Normalerweise wird gezeltet, was nicht nur am ersten Tag, wo das Gelände noch frei ist, sondern auch später in den engen, bewachsenen Tälern der Yungas möglich ist. Immer wieder gibt es auch dann zumindest kleine freie Stellen, auf denen Zelte aufgebaut werden können.

In einigen Dörfern (☞ Routenbeschreibung) kann man in einer Hütte übernachten oder seinen Schlafsack unter einem Wellblechdach ausbreiten. Bei allen Übernachtungen in Ansiedlungen wird normalerweise eine Gebühr von US$ 0,50 erhoben.

In La Paz und Coroico gibt es unzählige Unterkünfte verschiedener Preisklassen, die unter den Ortsbeschreibungen aufgeführt werden (☞ La Paz und Coroico).

Umweltschutz

Leider ist es so, daß die Mehrzahl der Bolivianer noch kein Bewußtsein für einen respektvollen Umgang mit ihrer Umwelt entwickelt haben und ihren Abfall oft einfach in die Natur werfen.

Keinesfalls sollte man sich daran ein Beispiel nehmen und seinen Abfall immer in die dafür vorgesehenen Mülleimer, die an verschiedenen Stellen entlang des Trails aufgestellt sind, werfen (☞ Tourbeschreibung).

Verpflegung

Wer eine Gruppentour bucht, braucht sich ums Essen keine Gedanken zu machen. Ein paar Schokoriegel für extra Energie unterwegs, mehr muß man nicht einpacken.

Bei Einzelwanderern sieht es da anders aus. Entweder man bringt sich die Verpflegung für drei oder vier Tage, je nachdem, wieviel Zeit man auf dem Trail zubringen will, schon von zu Hause in Form von dehydriertem Tütenfutter mit, oder man besorgt sich vor dem Start in La Paz alles Nötige. Es gibt zwar entlang der Route kleine Siedlungen mit Läden, aber auf deren normalerweise ohnehin geringes Angebot, bestehend aus Tütensuppen und einigen Konservendosen, sollte man sich nicht verlassen.

Trinkwasser gibt es in regelmäßigen Abständen am Wegesrand, Cola, Limonade oder Bier in einigen der Läden (☞ Routenbeschreibung). An manchen Übernachtungsstellen kann man sich für ein paar Bolivianos etwas kochen lassen.

Verpflegungsliste
(für vier Tage - alle Lebensmittel sind in La Paz erhältlich):

- [ ] 12 Brötchen
- [ ] 500 g Käse
- [ ] 6 Äpfel

- [ ] 6 Bananen
- [ ] 8 Schokoriegel
- [ ] 3 Dauerwürste
- [ ] 500 g Erdnüsse
- [ ] 1 Paket Wienerwürstchen
- [ ] 3 Zwiebeln
- [ ] 3 Tütensuppen
- [ ] 2 Tüten Nudelsauce
- [ ] 1 Paket Kartoffelpüree
- [ ] 500 g Nudeln
- [ ] 1 Dose Thunfisch

✋ Bei allen Einkäufen (unterwegs wie im ganzen Land) auf das Verfallsdatum achten.

Zeit

Der Zeitunterschied zwischen Bolivien und Mitteleuropa beträgt 5 Stunden. Zeigen die Uhren in La Paz 12:00 an, ist es in Berlin, Wien oder Bern bereits 17:00. Während der Sommerzeit kommt noch eine Stunde dazu (18:00).

DR. GÖTZE
LAND&KARTE

Die ganze Welt in Wort, Bild und Karte

Dr. Götze LAND&KARTE Bleichenbrücke 9 20354 Hamburg

La Paz

La Paz ist keine wirkliche Schönheit, doch sie ist mit Sicherheit eine der interessantesten Städte der Welt und allemal einige Tage Aufenthalt wert. Als größte Stadt Boliviens ist La Paz gleichzeitig Regierungssitz mit allen Regierungsstellen (offizielle Hauptstadt ist aber Sucre, obwohl dort nur der Oberste Gerichtshof seinen Sitz hat).

Was La Paz ausmacht, ist zum einen die Lage, eingebettet in einen Talkessel auf einer Höhe zwischen 3.600 m und etwa 4.000 m ü.N.N., und zum anderen das quirlige, chaotisch erscheinende Leben, das ihre Straßen und Gassen erfüllt.

Entgegen der weltweiten Gewohnheit, daß sich wohlhabende Leute in höher gelegenen Gebieten ansiedeln als das gemeine Fußvolk, befinden sich in La Paz die Villen am tiefsten Punkt des Tals. Die ärmeren Menschen haben sich ringsum an den Hängen, wo die Luft dünner und der Wind schneidend ist, und die Temperaturen tiefer fallen, niedergelassen.

Gegründet wurde die Stadt, die komplett "La Ciudad De Nuestra Señora de La Paz" heißt, von dem Spanier Alonzo de Mendoza am 20. Oktober 1548 an der Stelle des heutigen Laja, einem Ort, der etwa 35 km westlich von ihrem heutigen Standpunkt entfernt liegt. Doch schon kurze Zeit später verlegte man La Paz vom kalten, windigen Altiplano in den geschützten Talkessel.

Aus der einst kleinen Stadt wurde schon im 17. Jh. die größte des Landes. Heute leben rund 1 Mio Menschen hier, noch einmal etwa eine halbe Million in **El Alto**, das sich auf dem Altiplano wie ein Ring um den Talkessel schmiegt. Die eigenständige Stadt zählt mittlerweile zu den am schnellsten wachsenden Städten Südamerikas und ragt jährlich weiter in die karge Hochebene hinaus.

Wer direkt nach La Paz fliegt, wird wahrscheinlich einige Tage an der Höhenkrankheit leiden (☞ Gesundheit), sich aber bald schon auf aufregende Spaziergänge durch schmale, steile

Straßen, über Plazas und bunte Märkte begeben können. Über der Stadt und fast von jedem Punkt aus zu sehen, thront der Illimani (6.402 m), der das ganze Jahr über von einer Schneekappe gekrönte Hausberg von La Paz.

Die Stadt vereint gleich mehrere Superlative: Sie ist die höchstgelegenste Großstadt der Welt, mit dem höchsten Verkehrsflughafen der Welt und dem höchsten Golfplatz der Welt (dieser soll demnächst durch einen neuen Platz auf dem Salzsee von Uyuni im Süden des Landes von seiner Spitzenposition verdrängt werden), der sehr nah gelegenen höchsten Skipiste der Welt (Chacaltaya, über 5.000 m) und dem höchsten Fußballstadion der Welt. Hier schafften es die Bolivianer, genügend Spiele für die Qualifikation zur WM 1994 zu gewinnen, weil ihren Gegnern in der Höhe schnell die Puste ausging.

Information

Informacion Turistica, Av. 16 de Julio/Ecke Calle Mexico, an der Plaza del Estudiante, ☏ 371044, Mo-Fr 8:30-12:00 + 14:30-19:00. Hier gibt es Ratschläge, Antworten und verschiedene Broschüren über La Paz und Umgebung. Auch eine kleine Karte über den Choro Trail, herausgegeben vom Secretaria Nacional de Turismo, mit einigen Infos bekommt man hier für US$ 1.

- Goethe Institut, Av. 6 de Agosto 2118, Casilla 2195, ☏ 374453, FAX 391369, <goethe@caoba.entelnet.bo> Mo-Do 15-20, Mi + Fr 10:00-13:00. Tips zu kulturellen Veranstaltungen in der Stadt. Am Schwarzen Brett findet man Anschläge von privaten Spanischlehrern, außerdem gibt es eine Bibliothek mit deutscher Presse.

Migración

- Av. Camacho 1433, ☏ 35-9684. Öffnungszeiten: Mo-Fr 9:00-12:00 + 14:30-17:30 (Einwanderungsbehörde für Visumverlängerung).

☆ Polizei

Die **Policia Turistica** im Stadtteil Miraflores ist zuständig für Touristen, die betrogen, ausgeraubt usw. worden sind.

- Plaza del Stadium, Edificio Olimpia; ☏ 225016; 24 Stunden täglich erreichbar.
- Polizei-Notruf ☏ 110.

☎ ① Post und Telefon

- Correo Central, Calle Mariscal Santa Cruz/Ecke Calle Oruro, Mo-Fr ☎ 8:00-20:00, Sa 8:00-18:00, So 9:00-12:00. Hier werden auch Postkarten, Briefumschläge, Stifte, usw. verkauft.
- ENTEL, Calle Ayacucho 267, tägl. ☎ 7:00-23:30, Fax-Empfang FAX 00591-811-9121. Eine Nebenstelle (Angelo Comunicaciones) befindet sich in der Calle Linares 924.

💻 Internet

- Random Computers, Calle Ayacucho 209, nähe Ecke Av. Camacho, ☏ 400181/400180, Mo-Do ☎ 9:00-22:00 Uhr, Fr 9:00-19:00, So 10:00-20:00, Sa geschlossen, Mo-Fr 1h US$ 2,70, ½h US$ 1,80, ¼h US$ 1,40, So 1h US$ 1,80, ½h US$ 1,40, ¼h US$ 0,90; sehr langsam.
- Angelo Colonial, Calle Linares 922 (nähe Ecke Calle Sagarnaga), ☏ 360199, FAX 8112866, tägl. ☎ 9:00-21:30, 1h US$ 1,80, ½h US$ 1,40, ¼h US$ 0,90, gut, mit Book-Exchange
- Computron, Av. 16 de Julio 1655, ☏ + FAX 353486, Mo-Sa ☎ 9:00-21:00, 1h US$ 1,80, ½h US$ 1,40, ¼h US$ 0,90.

💰 Geld

- Casa de Cambio America, Av. Camacho 1233 (nähe Ecke Calle Ayacucho) hat den besten Kurs der Stadt für Travellerschecks, dazu noch ohne Kommission. Auch Bargeld wird hier zu einem guten Kurs getauscht. Mo-Fr ☎ 9:00-12:00 + 14:30-18:15, Sa 9:30-12:30.
- Casa de Cambios Litoral, Calle Colon 330, Edificio Colon, Mo-Fr ☎ 9:00-12:00 + 14:30-18:30.
- Casa de Cambios Internacional Unitours Ltda. Calle Mercado 1328, ☏ 342423, Mo-Fr ☎ 8:30-12:30 + 14:00-18:00, Sa 9:00-12:30. Für Travellerschecks 1% Kommission.
- Casa de Cambios International, Calle Mercado 990/Ecke Calle Yanacocha, ☏ + FAX 3711006, Mo-Fr ☎ 8:30-12:30 + 14:30-19:30, Sa 8:30-14:00. Auf Travellerschecks eine Kommission von 1%.
- Casa de Cambio Caceres im Hotel Gloria, Calle Potosí 909, ☏ 324512, Mo-Fr ☎ 9:00-12:30 + 14:30-19:00, Sa 8:30-14:00.

🏦 Banken

Es gibt unzählige Banken in der Stadt, von denen die meisten entlang der Hauptverkehrsader, dem Prado (korrekte Namen Av. Mariscal Santa Cruz und Av. 16 de Julio) liegen. Ihre Wechselkurse sind meist etwas schlechter als die der Wechselstuben.

Bankautomaten (Cajero Automatico)

- Visa/Mastercard/Cirrus neben der Filiale von Banco Mercantil Bolivia, Galeria Luz, Calle Mercado ca. 1190, die Bank tauscht auch Cash Dollar, Mo-Fr ☎ 8:30-12:30 + 14:30-18:30, Sa 9:00-13:00.

- Automat von REDBANK für Visa Karten bei der Banco Economico in der Av. Camacho 1239.
- Links daneben in Nr. 1211 ein ENLACE Automat für Visa und Mastercard.
- Weiterer ENLACE Automat für Mastercard und Visa im Foyer des Hotel Gloria, Calle Potosí 909.

Geld an Wochenenden

Wer an Wochenenden Geld wechseln will, hat ab Samstagnachmittag das Problem, daß Banken und Wechselstuben geschlossen sind. Bargeld kann man bei Straßenwechslern entlang des Prado tauschen, z.B. gegenüber der Ecke Calle Sagarnaga/Av. Mariscal Santa Cruz (Plaza San Francisco) vor dem AGFA Fotogeschäft. Travellerschecks kann man an Wochenenden und Feiertagen nur in einigen größeren Hotels zu einem meist etwas schlechteren Kurs wechseln, z.B. im:

- Residencial Rosario, Calle Illampu 704; Hotel Gloria, Calle Potosí 909; Hostal Estrella Andina, Calle Illampu 716.

Transport

Wer in La Paz nicht laufen will, was sicher die beste Art ist, die Stadt zu erkunden, kann auf öffentliche Verkehrsmittel oder Taxis ausweichen.

Busse fahren praktisch überall hin, man muß nur herausfinden, welcher der Richtige ist. Alle Busse nennen ihre Ziele in den Frontscheiben, dazu hängt meist ein kleiner Junge aus der Tür und brüllt die Strecke hinaus. Am besten fragt man im Touristenbüro oder einen Busfahrer, mit welchem Bus man an sein Ziel kommt.

Der Busbahnhof für alle Langstrecken-Verbindungen in Richtung Süden und Süd-Osten liegt zu Fuß etwa 10 Minuten von der Plaza San Francisco entfernt: Terminal Terrestre Ciudad de La Paz, Plaza Antofagasta.

Busse zum La Cumbre Paß und weiter in die Yungas und ins Tiefland fahren vom Stadtteil Villa Fátima ab, wer an den Titicacasee, nach Copacabana und in die Ruinenstadt Tiahuanaco will (☞ Ausflüge in die Umgebung), findet seinen Bus nahe des Friedhofs.

🚕 Auch Taxis fahren günstig durch die Stadt. Dabei gibt es unorganisierte Taxis, die billiger sind, und sog. Radio Taxis, die einer Gesellschaft angehören und etwas mehr Geld verlangen. Da man als *gringo* normalerweise davon ausgehen kann, daß man beim Fahrpreis (der vorher zu verhandeln ist) übers Ohr gehauen wird, sollte man versuchen, zu handeln. Wer dringend oder zu einem bestimmten Zeitpunkt ein Taxi beispielsweise zu seinem Hotel haben möchte, kann ein Radio Taxi bestellen.

♦ Radio Taxi Cosmos ☎ 353535, Radio Taxi Illimani ☎ 316565, Radio Taxi Trans Diplomatico ☎ 224343.

✈ Flughafen

Unter den vielen Bussen, die den Prado (dort an Haltestellen stehen und dem Bus zuwinken) hinauf zur Autopista brettern, fährt z.B. die Nr. 212 zum Flughafen. Außerdem gibt es spezielle Flughafenbusse mit der Aufschrift "SABSA Servicio del Aeropuerto". Der Bus kostet US$ 0,60 und benötigt ca. 30 Minuten bis direkt vor den Flughafen. Ein Taxi verlangt mindestens US$ 6.

Der Flughafenterminal wurde vergrößert und recht modern umgebaut. Auch der ursprüngliche Name "El Alto" ist gewichen - nun heißt der Flughafen "John F. Kennedy", was kaum ein Bolivianer versteht. Doch der letzte Präsident, Sanchez de Lozada, war ein Freund der Amerikaner und hatte selbst in den USA studiert, was diese unsinnige Umbenennung vielleicht erklärt.

🚗 Autovermietung

♦ MBEX, Av. Montes 522 ☎ 316895, FAX 379884, Telefon an Wochenenden und Feiertagen: ☎ 795790. Preise ab US$ 25/Tag ohne Freikilometer und Benzin für einen kleinen Jeep. Eine Woche inkl. 1.200 km - ab US$ 400.
♦ International, Calle Federico Zuazo 1942, ☎ 342406, FAX 357061.
♦ Localiza, Plaza España 7, ☎ 414890 / 413705.

🛏 Unterkunft

In der Stadt gibt es unzählige Hotels in verschiedenen Kategorien. Regelmäßig schließen alte und öffnen neue Hotels, weshalb ich hier einige "Klassiker" aufliste (EZ-Einzelzimmer, EZB-

Einzelzimmer mit Bad, DZ-Doppelzimmer, DZB entsprechend, 3erZ-Dreibettzimmer, 3erZB entsprechend.)

Preiswert/normal
- Alojamiento Universo, Calle Inca 175, ☎ 340431, EZ US$ 3, DZ US$ 4. Neben Touristen übernachten hier auch viele Südamerikaner, manche bleiben für ein paar Wochen, während sie als Straßenverkäufer Geld verdienen. Liegt in einer Gasse, die nachts kaum erleuchtet ist.
- Posada El Carretero, Calle Catacora 1056, zwischen Calle Pichincha und Sanjinés, ☎ 322233, US$ 3 p.P.
- Hotel Torino, Calle Socabaya 457, ☎ 341487, EZ US$ 7, DZ US$ 9,50, 3erZ US$ 13.
- Hotel Alem, Calle Sagarnaga 334, ☎ 367400, FAX 350579, EZ US$ 7, DZ US$ 12,50, 3erZ US$ 18,80, DZB US$ 18, 3erZB US$ 24. Inkl. Mini-Frühstück. Liegt an einem steilen Berg und ist umgeben von Andenkenläden, Reisebüros und Outdoor-Veranstaltern. Sehr sauber und sicher.
- Hostal Austria, Calle Yanacocha 531, ☎ 351140, EZ US$ 6,50, DZ US$ 11, 3erZ US$ 16. Netter Aufenthaltsraum, Wäscheservice (US$ 1/kg) Eines der beliebtesten Hotels unter Travellern.

Teurer
- Residencial Rosario, Calle Illampu 704, ☎ 316156, FAX 375532, EZ US$ 23, DZ US$ 34, 3erZ US$ 48, EZB US$ 37, DZB US$ 50, 3erZB US$ 66. Frühstück inklusive. Ein Hotel der gehobenen Klasse in einem schönen Gebäude, Zimmer mit Telefon und Heizung. Waschservice, Restaurant mit Musik- und Folkloredarbietungen (Do, Fr, u. Sa)
- Gran Hotel Paris, Plaza Murillo, ☎319170, FAX 362547, eines der schönsten Hotels der Stadt aus dem Jahr 1911, EZB US$ 100, DZB US$ 160, Suite US$ 120.
- Hotel Gloria, Calle Potosí 909, ☎ 3700-10 bis -18, FAX 391489, EZ US$ 42, DZ US$ 52, 3erZ US$ 64, inkl. Frühstücksbuffet.

✕ Essen
- Chinarestaurant Chifa Galaxia, Calle Bueno Nr. 284, ⌚ 10:00-23:00, Lieferservice unter ☎ 372338, etwas teurer, dafür kann man beim Essen aber Bruce Lee und Jean Claude van Damme Videos sehen.
- Chinarestaurant Chifa Taiwan, Av. Simon Bolivar 1503/Ecke Calle Bueno, recht einfach, dafür günstig, Mittagsgericht für US$ 1, viele Speisen um US$ 2.
- Restaurant El Lobo, Calle Illampu/Ecke Calle Santa Cruz, wohlschmeckende *pasta vegeteriana*, *hamburguesa vegeteriano*. Menü, bei dem man nach Gewicht bezahlt und viele leckere Sachen (beispielsweise Lasagne) probieren kann.
- Vegetarisches Restaurant des Hotel Gloria, Calle Potosí 909 im Kantinenstil. Mittags ⌚ 12:00-14:30 (US$ 2,70), abends ⌚ 19:00-21:30 Menü (US$ 2,30) mit vier Gängen. Im 12. Stock des Hotels gibt es für Leute mit einem dickeren Portemonnaie ein nobles Restaurant in schrill türkisem Design.

- Das italienische Café Profumo di Caffé war mein Lieblingscafé zum Frühstücken, Tagebuchschreiben und Kaffeetrinken. Es gibt verschiedene Kaffees, Cappuchino, Kakao, Schokotorte, Tiramisu und die leckersten Sandwiches der Stadt. Plaza San Francisco 502, Mo-Sa 9:30-19:30, ☎ 354115, nur ein paar Eingänge neben dem Kirchenportal.
- In der Snack Bar des Hotel Torino, Calle Socabaya 457, gibt es Schachbretter und Computer mit Internet-Zugang (teuer).
- Wall Street Café, Av. Camacho (ca.) 1350, Frühstück, Eiscreme, Hamburger, warme und kalte Sandwichs.
- McDonald's gibt es mittlerweile auch in La Paz, am Prado etwas unterhalb des Kinos Monje Campero, (ca. Nr. 1500).
- Eli's Pizza Express hat 5 Filialen in der Stadt. Man kann entweder dort essen oder sich die Pizza ins Hotel bringen lassen. Eine der Pizzastuben ist neben dem Cine Monje Campero am Prado, Nr. 1491, ☎ 335566.

Märkte

So gut wie alles, was man sucht und kaufen will, gibt es auf irgendeinem Markt in irgendeiner Ecke der Stadt. Das Problem für einen Neuling ist nur, zu wissen, wo sich eben dieser Markt befindet. Am besten fragt man sich durch, wobei man allerdings auch in die Irre geführt werden kann, da Bolivianer auf Fragen lieber etwas Falsches antworten, als gar nichts sagen zu können. Eine Antwort von einem Zweiten bestätigen zu lassen, ist immer gut.

Wer einmal nicht in einem Restaurant speisen will, findet in den vielen Garküchen wirklich typisch Bolivianisches. Am besten man schaut sich um und ißt dort, wo man viele Einheimische entdeckt.

☺ Im Bereich Calle Linares/Ecke Calle Santa Cruz und vereinzelt weiter die Calle Linares zur Calle Sagarnaga hinunter, befindet sich der **Mercado de Hechicería**, der Hexenmarkt, auf dem man Lamaföten, Liebeselexiere und allerlei wundersame Pulver, Kräuter und Figuren kaufen kann, die bestimmte magische Kräfte haben. Dahinter reihen sich viele Musikinstrumentläden und Werkstätten aneinander.

Ein sehr typischer und gar nicht touristischer Markt (Fisch, Fleisch, Obst, Gemüse, usw.) beginnt an der Kreuzung Calle Sagarnaga/Calle Max Paredes und führt die **Calle Max Paredes** hinunter.

Der **Mercado Negro**, der Schwarzmarkt, auf dem es hauptsächlich gefälschte Kleidung verschiedener Sport-, Schuh- und Jeansmarken gibt, beginnt von der Calle Max Paredes und verläuft zwischen Calle Santa Cruz und Calle Graneros.

Neben den vielen Souvenir- und Handarbeitsläden an der Calle Sagarnaga, gibt es noch einen **Mercado de Artesanía**, an der Plaza San Francisco, ein paar Eingänge oberhalb der Kirche.

Lebensmittel wie Würstchen und Käse für die Wanderung findet man auf dem Markt, der zwischen der **Plaza Pérez Velasco** und der **Calle Figueroa** liegt.

Einkaufen

- Den Fotoladen Agfa Laboratorio Fotografico mit guter Auswahl findet man an der Calle Comercio/Ecke Calle Genaro Sanjinez. Dort gibt es viele Kameras, Objektive, Filter, Stative, Blitze und einen 30-Minuten Entwicklungsservice.
- Foto Linares an der Calle Mercado/Ecke Calle Loyoza ist noch besser, hier kann man ohne Bedenken auch Diafilme entwickeln lassen und bekommt viel Zubehör, darunter auch deutsche Produkte. Mo-Fr ☎ 9:00-12:00 + 15:00-19:30, Sa 10:00-13:00.
- Der Buchladen Los Amigos del Libro hat einige deutsche und englische Bücher im Regal, Av. 16 de Julio, Edificio Alameda, zwischen McDonald's und Discolandia, Mo-Fr ☎ 9:30-13:00 + 13:30-20:30, Sa 9:30-13:00. Gebrauchte Bücher, unter denen man mit Glück auch alte englische oder deutsche Schmöker findet, gibt's in einer Reihe Buden am oberen Ende der Plaza San Francisco. Im Internetcafé Angelo Colonial, Calle Linares 922 (nähe Ecke Calle Sagarnaga) gibt es einen Book-Exchange.

Kinos

Es gibt mehrere Kinos in der Stadt, in denen normalerweise Filme auf Englisch mit spanischen Untertiteln gezeigt werden.

- Cine Monje Campero, Avenida 16 de Julio 1495.
- Cine 16 de Julio, Av. 16 de Julio 1807.
- Plaza Su Cine, Plaza Murillo, No.155, neben dem Gran Hotel Paris.

☿ Kneipen

Bolivianer feiern gern und heftig, allerdings überwiegend auf Fiestas zu Ehren verschiedener Heiliger. In Kneipen ist höchstens an den Wochenenden etwas los. Donnerstags und freitags machen sich die Partygänger warm, samstags geht die Post ab und sonntags erstirbt alles Leben, und man findet nur mit Glück eine nette Kneipe, die nicht geschlossen ist.

- La Chopperia, Calle Pichincha 662, gute Musik und Drinks, wenig Gringos.
- La Luna, Calle Oruro 197, Ecke Calle Murillo, oberhalb der Post, sehr beliebt.
- Im Shakespeares Head in der Avenida Villazon, gegenüber der Universität gibt's viel Live-Musik.
- Planet - The Funky Nachos Bar, Calle Ecuador 2638, Nachos und mexikanisches Essen.
- Barba Roja Pub, viele Gringos, Calle Hermanos Manchego 2586, zwischen Av. Arce und Av. 6 de Agosto.
- Reineke Fuchs Bierkneipe, Calle Jáuregui 2241, ☏ 326979. Biere, Schnäpse und Gerichte wie zu Hause. Filme auf Deutsch jeden Mittwoch ab 20:00 Uhr. Mo-Sa ♪ 18:00.
- Für ein paar nicht zu teure Drinks in ungewohnter Atmosphäre mit einem netten Ausblick über die Dächer der Stadt, bietet sich das Restaurant des Hotel Gloria im 12. Stockwerk an. Türkises Interior mit steifen, aber zuvorkommenden Kellnern.

Peñas

Peñas sind Musikveranstaltungen in Kneipen oder Restaurants, bei denen Hochlandmusik auf traditionellen Instrumenten gespielt wird, dazu gibt es manchmal Gesang und Tanz. Ein Besuch gehört einfach zu einer Bolivienreise.

- El Parnaso, Calle Sagarnaga 189, Ecke Murillo, ☏ 316827.
- Peña Naira, Calle Sagarnaga 161, ☏ 350330.
- Los Escudos, Av. Mariscal Santa Cruz 1201, ☏ 342038.
- Casa del Corregidor, Calle Murillo 1040, ☏ 363633.

⌘ Museen

In der Stadt gibt es zu viele Museen für einen einzigen Aufenthalt. Im Anschluß habe ich die wichtigsten und interessantesten genannt. Samstags gibt es zu allen Museen freien Eintritt.

- Museo Nacional del Arte, an der Plaza Murillo, Ecke Calle Socabaya/Calle Comercio, US$ 0,50, Di-Fr ♪ 9:30-12:30 + 15:00-19:00, Sa 10:00-13:00. Neben einer ständigen Kunstausstellung wechselnde Fotoaustellungen.
- Museo de Instrumentos Musicales de Bolivia, Calle Jaen 711, US$ 1, Mo-So ♪ 9:30-12:30 + 14:30-18:30. Im modern eingerichteten Innern findet man Pfeifen, Flöten, Trommeln, Rasseln, Schifferklaviere, Gitarren, Harven und allerlei Saiteninstrumente, die aus Panzern von Gürteltieren und Schildkröten gebaut sind. Eine Mumie und eine Yamaha-Heimorgel runden die sehenswerten Exponate dieses Privatmuseums ab.

In der Calle Jaen, der angeblich ältesten Straße der Stadt, einer schmalen Gasse mit einigen schönen Häusern im Kolonialstil, befinden sich noch vier weitere Museen, die sich alle mit einem Kombi-Ticket besichtigen lassen (US$ 1, Mo-Fr ☎ 9:30-12:30 + 15:00-19:00, Sa 10-19):

- Museo Litoral de Bolivia (Ausstellungsstücke wie z.B. alte Karten aus dem Pazifik-Krieg 1884, in dem Bolivien seinen Meerzugang an Chile verlor).
- Museo de Metales Preciosos Pre-Colombinos (sehr sehenswerte Gold- und Silberarbeiten aus der Zeit vor Ankunft der Spanier).
- Museo Casa Murillo (Haus von Pedro Murillo, der eine entscheidende Rolle in der Revolution gegen die Spanier 1809 gespielt hat, mit diversen Erinnerungsstücken aus seinem Leben).
- Museo Costumbrista Juan de Vargas (Fotos und andere Kunstgegenstände aus dem alten La Paz).
- Museo-Galeria Nativo Americano, Centro Cultural Torino, Calle Socabaya 457. Eine kleine Textil- und Handarbeits-Galerie mit einem Verkaufsladen im ersten Stock im Innenhof des Hotel Torino.
- Museo de la Coca, Calle Linares 920, US$ 1,20, Mo-Fr ☎ 10:00-13:00 + 14:00-18:00, alles über Geschichte und Problematik der Kokapflanze.
- Museo Arqueológico Tiwanaku, US$ 1, Calle Tiwanaku 93/Ecke Calle Federico Zuazo, Di-Fr ☎ 9:30-12:30 + 15:00-19:00, Sa 10:00-12:30 + 15:00-18:30. In dem kleinen Museum sind verschiedene Ausstellungsstücke aus der Zeit der Tiahuanaco-Kultur zu besichtigen. Da allerdings viele Dinge während der Kolonialisierung zerstört oder verschleppt worden sind, ist leider nicht sehr viel übriggeblieben.
- Museo Tambo Quirquincho, US$ 0,80, Calle Evaristo Valle, kurz vor Erreichen der Plaza Alonso de Mendoza auf dem Weg von der Plaza San Francisco, Di-Fr ☎ 9:30-12:30 + 15:00-19:00, Sa-So 10:00-12:30. Neben alten Fotos von La Paz und Silbergegenständen, findet man hier auch schöne moderne Gemälde und Skulpturen.

⚠ Campingausrüstung

- Bolivian Journeys, Calle Sagarnaga 363, ☎ + FAX 357848,
  ✉ <boljour@ceibo.entelnet.bo>. Der nette, recht junge Chef spricht ein paar Brocken Französisch und Deutsch.
- Colibri, Calle Sagarnaga 309, ☎ 371936, FAX 355043. Veranstaltet Berg- und Trekkingtouren und vermietet wohl die beste Ausrüstung in La Paz. Es ist nicht ganz billig hier, vor allem Karten sollte man woanders kaufen!
- Condoriri, Calle Sagarnaga 343, ☎ + FAX 319369.
- Explore Bolivia, Calle Sagarnaga 339, ☎ + FAX 391810,
  ✉ <explobol@ceibo.entelnet.bo>

⊕ Reisebüros

La Paz hat reichlich Reisebüros, die neben Reisen in ganz Bolivien vor allem Tagestouren zu den gängigen Zielen in der

Umgebung (s.u.) anbieten. Wer möchte, kann solche Touren vielfach auch leicht selbst organisieren und die Ziele mit öffentlichen Bussen erreichen.

- Mundirama Tours, Calle Socabaya 437, ☏ 360444, hilfreiches Reisebüro für Ausflüge in die Umgebung von La Paz und Reisen in ganz Bolivien.
- Vicuña Tours, Plaza San Francisco 504, Edificio San Francisco Of. 8, ☏ 390915 u. 331999, FAX 318625.
- Diana Tours, Calle Sagarnaga 326, ☏ 375374. Crillon Tours, Av. Camacho 1223, ☏ 374566 + ☏ 350363.

Weiteres Sehenswertes

✻ Entlang des Prados, der Hauptschlagader der Stadt, die ihren Namen in Abschnitten wechselt (Av. Montes, Av. Mariscal Santa Cruz, Av. 16 de Julio, Av. 6 de Agosto), pulsiert das Leben. Polizisten mit rosa Westen und albernen Trillerpfeifen versuchen, den Verkehr zu regeln, tun aber doch nichts anderes, als die Fahrer zur Schnelligkeit anzutreiben, sobald ihre Ampel auf Grün springt.

Die Bürgersteige teilen sich Frauen, die Kekse, Kugelschreiber, Batterien, Filme und Abziehbilder verkaufen, mit Bettlern, eilig dahin schreitenden Geschäftsleuten, Schuhputzern und neugierig umherblickenden Touristen. Ein Spaziergang den Prado hinunter läßt das Feeling für die Stadt aufkommen, ebenso wie ein Besuch der vielen Märkte. Zwischendurch kann man sich einen frisch gepressten Fruchtsaft gönnen und das Chaos auf sich einwirken lassen. Ein nicht enden wollender Lärmschwall aus Autohupen, Motorengeröhr und dem Geschrei der Verkäufer und Kinder, die die Busrouten hinausbrüllen, vereint sich zu einer einzigartigen Kakophonie.

✋ Vorsicht beim Überqueren der Straße. Autos und Busse haben immer Vorfahrt! Auch Ampeln sind den meisten egal.

✻ Einer der wenigen Orte in La Paz, an denen man Vogelstimmen hören kann, ist der zentrale Friedhof. Im oberen Teil der Stadt gelegen, dort wo auch die Busse nach Copacabana und Tiahuanaco abfahren, gleich gegenüber vom Blumenmarkt, gibt es neben großzügigen, luxuriösen Privatmausoleen auch recht ungewöhnliche Grabstätten. Reihe um Reihe läuft man an hohen Mauern vorbei, in die Grabkammern eingelassen sind. Die Fronten zieren hunderte von Glasfenstern, von denen die obersten nur über Leitern erreicht werden können, oder die gar in einem zweiten oder dritten Stockwerk liegen. Hinter den Fenstern stehen Blumensträuße in Senfgläsern vor Marmorplatten mit prunkvollen Lettern, oft auch mit einem Bild des Verstorbenen. An den Glasscheiben kleben Mietrechnungen, hier und da hört man Happy Birthday aus Klappkarten mit Musikchip klingen. Die Ärmsten haben

Legende Zentrum La Paz

1. Museo de Instrumentos Musicales de Bolivia
2. Museo de la Coca
3. Museo Tambo Quirquincho
4. Museo Litoral de Bolivia / Museo de Metales Preciosos / Museo Casa Murillo / Museo Costumbrista Juan de Vargas
5. Museo Nacional de Arte
6. Chifa Galaxia
7. Chifa Taiwan
8. Profumo di Caffé
9. Wall Street Café
10. Mc Donald's
11. Plaza su Cine
12. La Chopperia
13. La Luna
14. El Parnaso
15. Peña Naira
16. Casa del Corregidor
17. Posada El Carretero
18. Alojamiento Universo
19. Hostal Austria
20. Gran Hotel Paris
21. Hotel Gloria / vegetarisches Restaurant / Bar-Restaurant im 12. Stock / Casa de Cambio Caceres / Bankautomat
22. Residencial Rosario
23. Hotel Torino / Snack Bar / im ersten Stock Museo-Galeria Nativo Americano / nebenan Mundirama Tours
24. Restaurant El Lobo
25. Hotel Alem / nebenan Diana Tours
26. Cine Monje Campero / Eli's Pizza Express
27. Cine 16 de Julio
28. Shakespeares Head
29. Random Computers
30. Angelo Colonial
31. Computron /Los Amigos del Libro
32. Casa de Cambio America / Bankautomat
33. Casa de Cambios Litoral
34. Casa de Cambios International Unitours Ltda.
35. Casa de Cambio International
36. Bankautomat
37. AGFA Laboratorio Fotografico
38. Foto Linares
39. Bolivian Journeys
40. Colibri / Condoriri / Explore Bolivia
41. Crillon Tours
42. Vicuña Tours
43. ENTEL
44. Post
45. Magri Turismo (American Express)

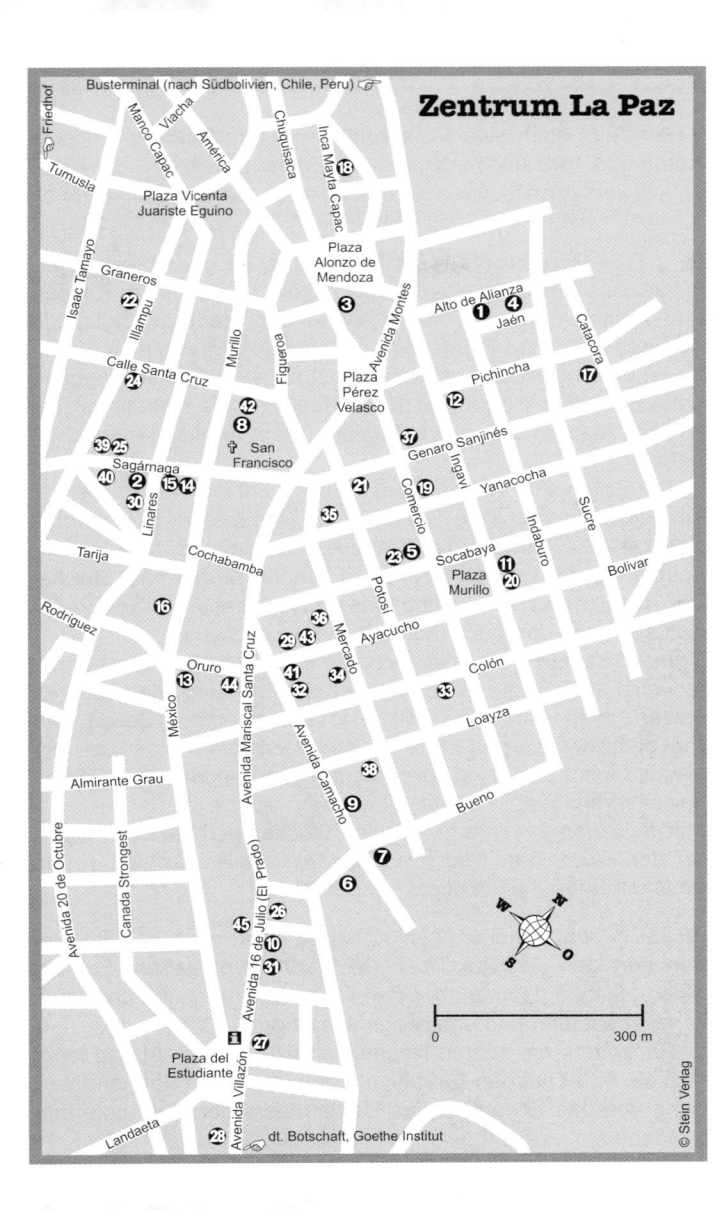

Zentrum La Paz

Busterminal (nach Südbolivien, Chile, Peru)

Friedhof
Tumusla
Manco Capac
Viacha
América
Chuquisaca
Inca Mayta Capac
Plaza Vicenta Juariste Eguino
Plaza Alonzo de Mendoza
Isaac Tamayo
Graneros
Illampu
Murillo
Figueroa
Avenida Montes
Alto de Alianza
Jaén
Catacora
Calle Santa Cruz
Plaza Pérez Velasco
Pichincha
Sagárnaga
San Francisco
Genaro Sanjinés
Ingavi
Yanacocha
Sucre
Linares
Comercio
Indaburo
Tarija
Cochabamba
Socabaya
Plaza Murillo
Bolivar
Rodríguez
Potosí
Oruro
Mercado
Ayacucho
Colón
México
Avenida Mariscal Santa Cruz
Avenida Camacho
Loayza
Almirante Grau
Bueno
Avenida 20 de Octubre
Canada Strongest
Avenida 16 de Julio (El Prado)
Avenida Villazón
Plaza del Estudiante
Landaeta
dt. Botschaft, Goethe Institut

0 — 300 m

© Stein Verlag

weder Glas noch eine Mamorplatte vor den Gräbern, oft sind Name und Todestag einfach in den Zement geritzt.

- ♦ Zum Friedhof kommt man mit einem der Busse, die das Schild "cementerio" im Fenster haben (z.B. 201, 315, 378).

✱ Das **Männergefängnis San Pedro** ist gut für ein ungewöhnliches Besichtigungserlebnis abseits von Museen, Kirchen und Ruinen. Wer nur einen Tag in der Stadt ist, sollte die üblichen Touristen-Sightseeing-Magneten vergessen und dem Knast einen Besuch abstatten. Einst für 400 Insassen gebaut, beherbergt San Pedro nun 1.400 Häftlinge, die sich hinter den rissigen Mauern wie in einer kleinen Stadt für sich eingerichtet haben.

Die Zellen sind immer offen, Wärter sieht man kaum. Es gibt ein Billardzimmer, eine Kirche, eine Abteilung der Universität und mehrere Buden, die Getränke, Essen und Snacks verkaufen. Ehefrauen von Straftätern können für ein paar Bolivianos hier übernachten, einige Kinder leben ständig in San Pedro und beginnen dort auch morgens ihren Schulweg.

Für US$ 5,50 kann man sich von einem Häftling, der normalerweise auch Englisch spricht, herumführen und alles erklären lassen. Man darf einen Blick in verschiedene Zellen und Innenhöfe werfen und mit alten Gangsterbossen plaudern. Der Besuch lohnt sich. Und wer möchte, kann auch eine Nacht im Knast verbringen.

Das Gefängnis liegt nur wenige Blocks oberhalb des Prados an der Plaza San Pedro. Einige Minibusse, die den Prado hinunterfahren, halten direkt vor der Tür.

✱ Ein sehr schöner Ausflug ist die Fahrt nach **El Alto**, um von dort den Ausblick über die Stadt zu genießen. Einfach einen Minibus nehmen, der den Prado zur Autopista und nach El Alto hochfährt und unterwegs aussteigen.

Besonders am späten Nachmittag bzw. frühen Abend lohnt sich die Fahrt auf den Berg hinauf , um dann den Sonnenuntergang und das Erwachen des Lichtermeers der Metropole mitzuerleben.

Ausflüge in die Umgebung

✱ Nach **Copacabana** und zum **Titicacasee** kommt man relativ schnell. Die Busse fahren jeden Morgen vom Friedhof ab, und nach etwa vier Stunden ist dieses lohnende und sehr schöne Ausflugsziel erreicht. Man sollte mindestens einen Tag in Copacabana bleiben und auch eine Nacht auf der **Isla del Sol** verbringen, die man auf einem Bootsausflug erreicht.

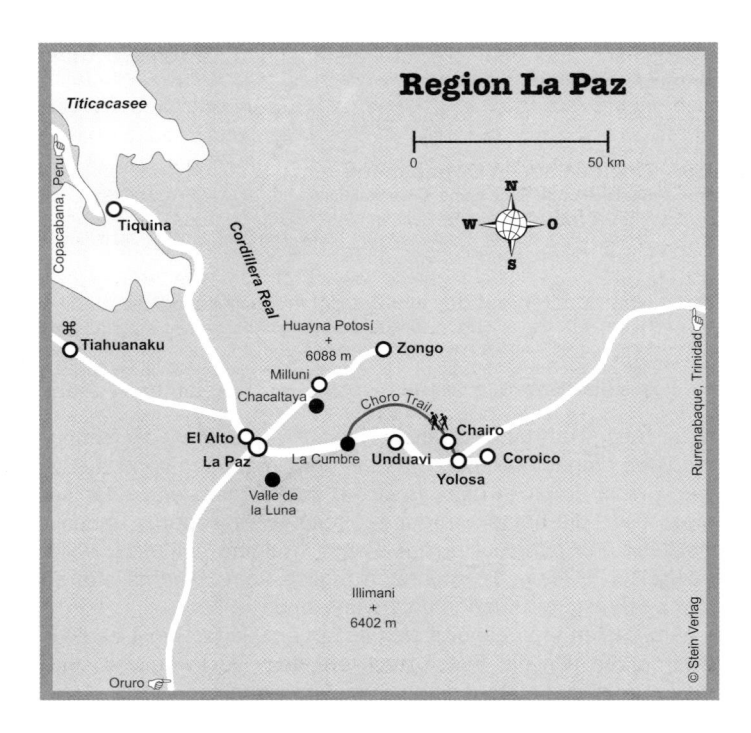

Der **Yampupata Trek**, eine schöne Tageswanderung (ca. 12 km) von Copacabana aus auf die Yampupata Halbinsel, von dessen Ende man ein Boot zur Isla del Sol nehmen kann, ist eine gute Einstimmung und ein Konditionstest für den Choro Trail. Auch auf der Isla del Sol kann man wandern. Sehr nett ist es, sich vom Boot im Norden der Insel absetzen zu lassen und allein nach **Yumani** im Süden zu wandern, wo es einige Unterkünfte und einen kleinen Laden gibt.

Am See sollte man unbedingt die leckeren Forellen probieren - entweder in einem der vielen Restaurants, die fast alle *trucha* auf der Karte haben oder direkt auf dem Markt, wo man bei der Zubereitung zuschauen kann.

Außerdem sehenswert: Die Segnung von Fahrzeugen vor der Kathedrale von Copacabana. Zuerst werden die Fahrzeuge reichlich mit Girlanden geschmückt, dann sprenkelt der Priester geweihtes Wasser auf die Karosserie, in den Fahrzeugraum (manchmal auch auf die umherstehenden Zuschauer) und unter die Motorhaube.

- Mo-Fr 10:00 + 14:30, Sa + So 10:00, 12:00, 14:30.

Übernachten in **Copacabana**
- Hostal Aroma, Calle General Gonzalo Jáuregui, ☎(0862)-2004, US$ 2, mit schöner Dachterrasse und schönem Ausblick.
- Etwas näher an der Plaza gelegen findet man das Hostal Oasis, Calle Pando, ☎(0862)-2037, US$ 2.

Übernachten auf der Isla del Sol im Dorf **Yumani**
- Hostal Inti Wayra, US$ 1,50, Frühstück und Abendessen möglich. Kein Licht und fließend Wasser, aber sehr schön gelegen.
- Templo del Sol, US$ 2, ganz oben auf dem Inselrücken mit einem Ausblick auch auf das Westufer der Insel.

✱ Nach **Tiahuanaku** (auch Tiwanaku genannt), der bedeutendsten archäologischen Stätte in der Umgebung von La Paz, wenn nicht sogar in ganz Bolivien, kommt man entweder auf einer Tour, die bei einem der zahlreichen Reisebüros gebucht werden kann oder auf eigene Faust in einem der meist völlig überfüllten Busse, die mehrfach täglich vom Friedhof starten und zwei bis drei Stunden unterwegs sind.

Am besten man besorgt sich schon am Vortag ein Ticket für die Hinfahrt. Da die Busse auch auf dem Rückweg voll sind, muß man sich dann auf einen Stehplatz einrichten.

Auf dem Markt von La Paz

Viel ist nicht mehr erhalten von der einst großartigen Anlage, die vor über tausend Jahren erbaut wurde und zeitweise mindestens 20.000 Menschen beherbergte. Ein abgesenkter Platz, aus dessen Wänden steinerne Gesichter hervorschauen, sowie zwei Monolithen und das berühmte Sonnentor sind die schönsten Stücke von Tiahuanaku, das von der Unesco zum "Kulturerbe der Menschheit" erklärt wurde.

Besonders die Entstehung des Sonnentors wirft viele Rätsel und Fragen auf, denn es wurde aus einem einzigen Steinblock gehauen und wiegt mindestens 10 t. Der Steinbruch, aus dem man diesen Felsen geholt hat, liegt viele Kilometer entfernt. In Tiahuanaco muß man seine Fantasie spielen lassen und sich ausmalen, was sich hier einst abgespielt hat. Denn erst dann werden die Steine lebendig, und der Besuch bringt Spaß.

✱   Den Ausflug zum leicht zu erreichenden **Chacaltaya** (5.395 m hoch), nur 38 km entfernt von La Paz, bucht man am besten über eines der Reisebüros der Stadt (ca. US$ 15) oder über den Club Andino Boliviano. Dieser fährt samstags und sonntags 8:00 zum Berg, auf dem es auch eine Berghütte unterhält, in der übernachtet werden kann (Schlafsack und Verpflegung mitbringen).

Hier oben befindet sich auch die höchste Skipiste der Welt, auf die sich allerdings nur Trainierte und gut Akklimatisierte wagen sollten.

✱ Auf den von Reisebüros organisierten Touren wird am Ende meist noch ein Abstecher zum **Valle de la Luna**, dem Mondtal, gemacht, das im Südosten von La Paz liegt. Dort kann man auf kurzen Pfaden durch eine wild erodierte Landschaft wandern, und Türme, Zinnen und Zacken bestaunen, die hier im Laufe der Jahrhunderte von Wind und Wasser aus dem weichen Stein- und Lehmboden gewaschen wurden.

Wir sind ein ordentlicher Verlag

und räumen ständig unser Lager auf, um Platz für Neuauflagen unserer ReiseHandbücher und OutdoorHandbücher zu schaffen.
Wir bieten unseren Lesern

- Auslaufmodelle
- Restbestände
- leicht beschädigte Remittenden

teilweise für <u>ein Viertel</u> des ursprünglichen Preises an. Schnäppchenjäger sollten umgehend unsere aktuelle Liste verlangen (die übrigens auch auf unserer Homepage enthalten ist) und schnell bestellen - nur solange der Vorrat reicht.

Conrad Stein 🌐 Verlag

In der Mühle D 25821 Struckum
☏ 04671 / 93 13 14   FAX 04671 / 93 13 15
✉ <outdoor@tng.de>   🖥 <http://outdoor.tng.de>

Coroico

"Bienvenidos al Paraiso de las Yungas", heißt es kurz vor Erreichen des kleinen Ortes, auf einer verstaubten Tafel am Straßenrand. Was damit gemeint ist, erkennt man schnell. Es gibt kaum einen besseren Ort zum Entspannen und Wohlfühlen als Coroico.

Nach staubigen und verschwitzten Tagen auf dem Trail gleicht einer der im Ort gehäuft auftretenden Hotelpools einem Himmelreich. Dazu gibt es ein weiches Bett, leckeres Essen und angenehme Temperaturen das ganze Jahr über.

Nicht nur Touristen finden schnell Gefallen an dem Ort, der auf 1.750 m ü.N.N. auf einem Bergsattel liegt und herrliche

Coroico
- nicht maßstabsgerecht -

1. Büro Turbus Totai
2. Comedor Municipal
3. Post
4. Polizei
5. Hotel Uchumachi
6. Apotheke La Salvadora
7. ENTEL
8. Banco Union
9. Hotel Coroico
10. Kirche
11. Hotel & Restaurant La Casa
12. Hotel Kory
13. Back-Stube
14. Markt
15. Hotel Esmeralda
16. Kirche Calvario
17. Hotel & Restaurant El Cafetal
18. Krankenhaus
19. Taurus Whiskeria

© Stein Verlag

Ausblicke bietet. - Eine beachtliche Anzahl von Europäern hat sich hier niedergelassen und betreibt nun gute Hotels und leckere Restaurants.

Schon jetzt ist der Ort Naherholungsgebiet für La Paz und von wohlhabenden Städtern gut besucht. Es bleibt zu hoffen, daß die relaxte Atmosphäre nicht ganz erstirbt, wenn in zwei Jahren die neue Straße aus La Paz hierher fertig ist.

- Postamt an der Ecke zwischen ENTEL und der Apotheke, Mo-Fr 8:30-12:00 + 14:30-18:00, Sa 8:30-12:00, So 10:00-12:00.
- Banco Union, Mo-Fr 8:30-12:00 u. 14:30-17:30, Sa 8:30-12:00, gleich ein paar Meter weiter in der Straße von der Plaza zum Comedor Municipal.
- ENTEL-Filiale an der Plaza. Telefongespräche Mo-So 7:30-23:00, Entgegennahme von Gesprächen, ☎ 0811/8646, die ersten 3 Minuten sind frei, danach US$ 0,20/Min, Fax-Empfang 00591-811-6000 und senden möglich.
- Apotheke an der Plaza: Farmacia La Salvadora, Di-So 8:30-12:00 + 14:30-21:00.

🛏 Unterkunft

Die guten Hotels sind überwiegend in europäischer Hand und bieten neben leckerem Essen und funktionierenden Duschen oft auch einen Pool. Hier bleibt man gern ein paar Tage länger.

- Das El Cafetal liegt auf dem Weg von der Plaza in Richtung Krankenhaus, kurz bevor man dieses erreicht auf der rechten Straßenseite. Die Übernachtung kostet US$ 4 p.P., inklusive des grandiosen Ausblicks. 1999 soll hier ein Pool gebaut werden. Das Essen der französischen Hausherrin ist ausgezeichnet; sie macht u.a. die besten Crêpes Bolivians.
- Mittlerweile auch über die Dorfgrenzen hinaus sehr bekannt ist das Hotel Esmeralda, das etwa 300 m oberhalb des Ortes liegt. Die Übernachtungspreise liegen zwischen US$ 6 und US$ 12. Zum Hotel, das unter deutsch-bolivianischer Leitung steht, gehören ein Restaurant, der beste Pool von Coroico (US$ 1 für Gäste), ein Heimkino, Internet und Wäscheservice. Einige Betten haben grauenhafte Matratzen, dafür gibt's einen tollen Ausblick und fantastische Duschen. Vom Ort die Calle Julio Zuazo Cuenca hochlaufen oder unter 0811-6017 den Pick-Up Service ordern.
- Im ruhigen Hotel La Casa unterhalb der Plaza kostet die Übernachtung US$ 5 p.P., es gibt einen kleinen Pool und exzellentes Essen. 1999 wird ein Teil des Hotels, das ebenfalls unter deutsch-bolivianischer Führung steht, umgebaut, der Betrieb läuft aber weiter.
- Das Hotel Coroico (Calle final Kennedy, ☎ + FAX 811-6000, ✉ <gloria@datanet-bo.net>, DZ US$ 9, DZB US$ 12,50), ein ehemals staatliches Hotel, das nun auf seine Modernisierung wartet, strahlt ein eigentümliches Flair aus. Von außen macht es viel her, doch innen wartet auf die Gäste nicht der beim ersten Anblick erwartete Luxus. Es gibt allerdings den

- Hostal Kori, US$ 6 p.P., mit Pool (unterhalb der Plaza).
- Günstiger als im Hostal Uchumachi direkt an der Plaza kann man nicht wohnen: EZ US$ 2,70, DZ US$ 4,50, heiße Duschen.
- Für Leute die in einer kleinen Gruppe etwas länger bleiben möchten, vermietet das Café Back-Stube Ferienhäuser. Infos im Café.

einzigen Pool mit Sprungbrett, Basketball- und Tenniscourt, ein Billardzimmer (US$ 2/h für Gäste) und die Möglichkeit, hinter dem Haus zu zelten.

✕ Essen

Die Kalorien, die man sich auf dem Choro Trail abgearbeitet hat, bekommt man in Coroico mit Leichtigkeit doppelt wieder drauf. In diesen Restaurants kann man durchweg gut essen.

- El Cafetal, 800 m vom Ort in Richtung Krankenhaus. Superleckere Crêpes, Pasta und mehr wird von der französischen Besitzerin und Köchin zubereitet.
- Back-Stube, Café eines deutschen Bäckers und seiner bolivianischen Frau an der Plaza. Mit Nußecken, Torten, Kuchen, Kakao. Sehr zu empfehlen: mexikanisches Frühstück, Mo nur 6:30-12:00, Di geschlossen.

Das Lichtermeer von La Paz

- La Casa, Restaurant mit Gulasch, Raclette, Fondue, usw. unterhalb der Plaza.
- Auch das Hotel Esmeralda hat eine vorzügliche Küche; einmal in der Woche gibt's hier Pizza.
- Wer zwischen all dem Essen, das er eigentlich auch zu Hause bekommt, auch mal wieder typisch bolivianisch speisen möchte, sollte zum comedor municipal gehen. Günstige und traditionelle Menüs täglich ab 7:00, schräg gegenüber der Bank.
- Einen leckeren Nachttrunk kann man in der Taurus Whiskeria in der Calle Julio Zuazo Cuenca 13 genießen - z.B. Pisco Sour oder Té con té. "El sitio ideal para compatir la noche y calmar la sed", wie es in der Cocktailkarte heißt: "Der ideale Ort, um die Nacht zu verbringen und den Durst zu stillen".

💰 Geldwechsel

- Bisher gibt es keine Wechselstube in Coroico. Am besten man kommt mit genügend Bargeld, oder man muß zu einem ungünstigen Kurs in einem der Hotels wechseln.
- Den schlechtesten Kurs für Travellerschecks gibt es im **Hotel** Kori, das **Hotel** Coroico und das **Hotel** Esmeralda sind etwas fairer. Die **Banco** Union und die **Back**-Stube wechseln Cash Dollar.

Unternehmungen

Wer nicht nur am Pool oder in der Hängematte liegen will, kann in der Umgebung etwas wandern oder eine geführte Pferdetour machen. Ein schweizer Ehepaar, das auf einem riesigen Grundstück am Fuße des **Cerro Uchumachi** lebt, und dort auch Kräuter für eine Echinacea Tinktur anbaut, die im ganzen Land verkauft wird, bietet Touren an, die immer von einem Reitlehrer begleitet werden.

Zur Ranch läuft man von der Plaza in Richtung Hospital. 300 Meter dahinter kommt links ein Tor, durch das es hindurch und etwa zehn Minuten bergauf geht.

- Am besten vorher buchen, ☎ 0811-6015, 1h - US$ 6, 2 h - US$ 11.

🚌 Transport
- Turbus Totai, Büro an der Plaza ☎ 0811-8624, tägl. ⏱ 6:30-21:30 (☞ Tourbeschreibung Coroico - La Paz).

Choro Trail

Überblick

La Cumbre	km 0	
Estancia Samaña Pampa	km 7	7 km
Achura	km 13	6 km
Challapampa	km 21	8 km
Choro	km 29	8 km
Río Jacu-Marini	km 36	7 km
Bella Vista	km 39	3 km
Pabellonani	km 43	4 km
Sandillani	km 47	4 km
Chairo	km 52	5 km

Der Trail ist bekannt dafür, daß es eigentlich nur bergab geht. Dieses "eigentlich" sollte allerdings durchaus ernst genommen werden, denn vor allem zum Ende des zweiten und am dritten und vierten Tag sind einige nicht zu unterschätzende Steigungen zu bewältigen.

In der Regel wird der Trail abwärts, also von La Cumbre nach Chairo gelaufen, doch steht der entgegengesetzten Laufrichtung nichts im Wege. Es ist zwar auf jeden Fall anstrengender, aber es schont die Gelenke, allen voran die Kniegelenke. Es ist jedem selbst überlassen, wie er läuft - wer sich allerdings unterwegs einer Gruppe anschließen will, wird bergauf kaum Glück haben.

Normalerweise wird der Choro Trail in drei Tagen gegangen, was einen frühen Start in La Paz bedeutet, um auch am ersten Tag ein gutes Stück zu schaffen. Wer viel Zeit hat und die Busfahrt zum Startpunkt erst etwas später am Vormittag beginnt, sollte lieber vier Tage einplanen. Zur Vollständigkeit: Ich habe unterwegs zwei Wanderer kennengelernt, die den Trail in zwei Tagen gelaufen sind. Sie waren beide etwa 65 Jahre alt und verdammt schnell unterwegs.

In der gesamten englisch- und deutschsprachigen Literatur zum Choro Trail gibt es keine genauen Entfernungsangaben.

Einzig und allein auf einer bolivianischen Karte habe ich die obigen Kilometerzahlen gefunden, die wahrscheinlich recht genau sind. Da diese aber in Bolivien erstellt worden sind, möchte ich mich nicht ganz darauf verlassen und habe zusätzlich Zeitangaben in den Text eingebaut. Zusammen ist das Ergebnis akkurat und gibt einen guten Überblick über die Abstände zwischen den einzelnen Dörfern und Siedlungen. Die Zeitangaben beziehen sich auf das Tempo eines durchschnittlich fitten Wanderers, der seine Ausrüstung selbst trägt.

☺ Die von mir für den Text gewählte Etappeneinteilung ist nur eine von mehreren Möglichkeiten. Es gibt noch viele andere Zeltplätze, die ich im Text genannt habe. Da dort meist nur wenige Zelte auf kleinen Raum aufgebaut werden können, ist man ganz allein für sich und erlebt den Trail noch etwas anders.

La Paz - La Cumbre

Um zum Startpunkt des Choro Trails, einer Christusstatue auf der Paßhöhe des **La Cumbre Passes** zu kommen, muß von La Paz zuerst ein Bus genommen werden. Busse, die die Stelle passieren, haben als Ziel entweder Coroico, Guanay oder Rurrenabaque und verlassen La Paz vom Stadtteil **Villa Fátima**.

Vom Zentrum nimmt man dorthin entweder einen der vielen Busse, die den Prado hinunterfahren und ein Schild "Villa Fátima" im Fenster haben oder, was mit dem Gepäck einfacher und sicherer ist, ein Taxi (zu dritt zahlt man vom Zentrum etwa US$ 2).

Busse verschiedener Gesellschaften verlassen La Paz von etwa 7 Uhr an bis in den Nachmittag hinein. Ein früher Start bis spätestens 9 Uhr ist ratsam, um am La Cumbre Paß nicht in häufig auftretenden Nebel zu geraten. Die Fahrt kostet US$ 1,80 und man sollte schon bei der Gepäckabgabe darauf hinweisen, daß man am Paß aussteigen möchte, damit die Rucksäcke leicht zugänglich verstaut werden.

☺ Letzte Einkäufe von frischen Dingen wie Brot und Früchten können auf dem Straßenmarkt der Villa Fátima erledigt werden.

Die Busse benötigen für die rund 25 km zum Paß, der auf 4.725 m liegt, etwa eine Stunde. Links taucht auf der kleinen Hochebene ein See, die **Laguna Estrellani** auf, dann sieht man schon die Christusstatue etwas erhöht auf einem Hügel links oben vor sich. Hier muß ausgestiegen werden.

Ein Campesino bringt Kartoffeln auf den Markt nach La Paz (S. 78)

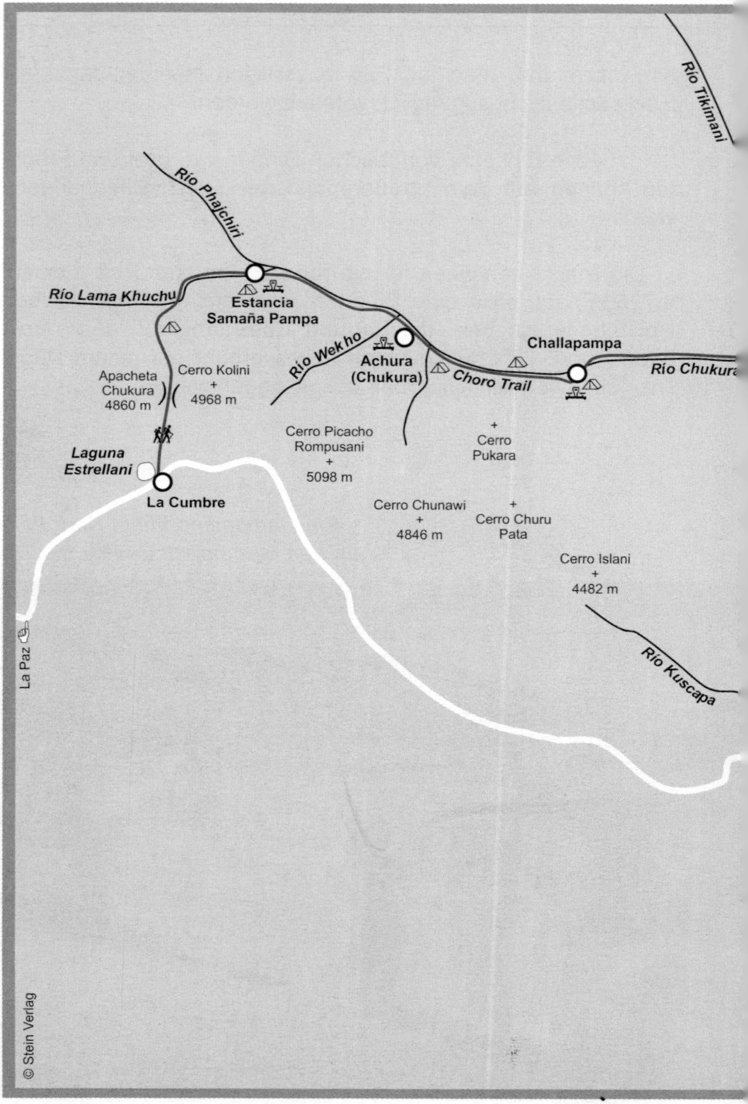
Río Tikimani
Río Phajchiri
Río Lama Khuchu
Estancia Samaña Pampa
Río Wek ho
Achura (Chukura)
Challapampa
Río Chukura
Choro Trail
Apacheta Chukura 4860 m
Cerro Kolini 4968 m
Cerro Picacho Rompusani 5098 m
Cerro Pukara
Laguna Estrellani
La Cumbre
Cerro Chunawi 4846 m
Cerro Churu Pata
Cerro Islani 4482 m
Río Kuscapa
La Paz
© Stein Verlag

Choro Trail

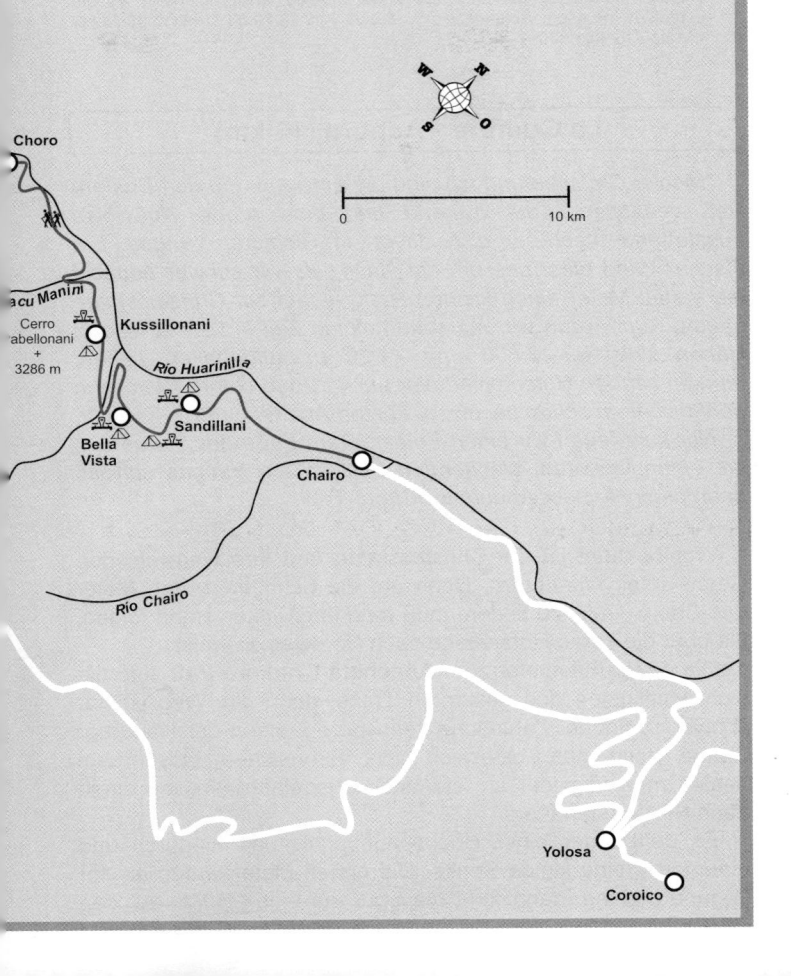

Busgesellschaften

🚌 Turbus Totai, Avenida America, 411/Ecke Calle Virgen de Carmen, ☎ 216030 + ☎ 212526. große Busse, US$ 1,80.
♦ Turbus Totai, Calle Clanacachi/Ecke Calle Ocoballa, ☎ 212526, Minibusse, US$ 1,80 bis La Cumbre, US$ 2 bis Coroico, etwas schneller als die großen Busse, Abfahrtszeiten 8:00/8:30/9:30/10:30/11:30/13:30/14:30/15:30/16:30/17:30.

La Cumbre - Achura (13 km)

"Nicole, Christian und ich sind die einzigen, die den Bus am Paß verlassen. Laut röhrend und eine große Rußwolke ausstoßend macht er sich davon in Richtung Yungas. Ein frischer Wind bläst uns um die Nase, als wir schwer bepackt die ersten Meter einen kleinen Hang hinauf zur Christusstatue gehen. Auch wenn wir uns schon einige Zeit in La Paz und in Höhen zwischen 3.500 und 4.000 m aufgehalten haben, merken wir den Unterschied hier auf 4.725 m sofort. Keuchend geht der Atem schon bei dieser kurzen Anstrengung.

Nur kurz legen wir einen Fotostop am Fuße der Statue ein, die einen finsteren, stechenden Blick in die Yungas schickt, dann beginnt unser Abenteuer Choro Trail."

Wohlbekannt ist die Christusstatue und ihre wegweisende Geste unter Wanderern. Denn um die richtigen ersten Meter des Choro Trails zu finden, muß man ihrer linken Hand folgen, die über die karge Hochebene nach Nordwesten weist.

Die ersten Kilometer zum **Apacheta Chukura Paß** sind die wohl kniffligsten des gesamten Treks, denn der Weg ist nur schwer zu finden. Zahlreiche Jeepspuren folgen der Hand der Statue, doch man sollte sich nicht verunsichern lassen. Am besten man folgt der am stärksten ausgefahrenen, die direkt nach Nordwesten führt.

Es geht unter einer Hochspannungsleitung hindurch und hinunter in eine kleine Senke. Die ersten Meter laufen an der Lagune entlang, dann führt die Spur auf einen Hügel zu, den man nach etwa 15 Minuten erreicht. Hier teilt sich die Spur, und man sollte der breiteren folgen, die einen Bogen nach rechts beschreibt. Nach 10 Minuten liegt rechts neben dem Weg eine kleine Lagune, ein Stück weiter sieht man links eine zweite, größere. Der Weg macht hier eine 90° Kurve nach rechts und führt zwischen den beiden Seen hindurch weiter bergauf.

Die Landschaft wird von viel Geröll und nur vereinzelten kleinen grünen und gelben Tupfern bestimmt. Hartnäckig halten sich einige Moosflecken am kargen Boden. Weiter oben sieht man nur noch graue und braune Bergrücken.

⛺ Wer erst spät am Nachmittag einen Bus aus La Paz genommen hat, findet hier eine schöne Stelle zum Campen für die erste Nacht.

Gute Zeltmöglichkeit bei Estancia Samaña Pampa (S. 81)

Zehn Minuten bergauf hinter den Lagunen erreicht man eine Weggabelung. Der breitere Hauptweg, auf dem es hier hinauf ging, führt nach links weg und verliert an Höhe. Um zum Apacheta Chukura zu kommen, muß man den rechten, etwas unscheinbaren Weg einschlagen und der Spur bergauf folgen. Zunächst führt sie leicht nach rechts und beschreibt dann einen Linksbogen, der steil zum Paß ansteigt.

Vielleicht wird hier irgendwann einmal ein Wegweiser stehen, aber darauf verlassen sollte man sich nicht. Den Paß sieht man jetzt schon recht gut im Berg über dem Weg. Er liegt genau an der Stelle, an der eine kleine Delle den Grat eindrückt.

✋ Den Weg von der Statue bis zum Paß sollte man, wenn möglich, versuchen, allein zu finden. Auskünfte von Einheimischen können zwar nett gemeint sein, führen aber häufig in die Irre, da diese oft selbst nicht wissen, wo der richtige Weg langführt, aber trotzdem helfen wollen. Uns wollte man gar in die völlig entgegengesetzte Richtung laufen lassen, andere Wanderer wurden an der letzten Abzweigung nach links geschickt und verspäteten sich so sehr, daß sie letztendlich am Paß in dichten Nebel gerieten und wieder absteigen mußten.

Eine Ausnahme sind Auskünfte von Wanderführern und Einheimischen, die sicher aus der Gegend kommen und mit dem Namen des nächsten Ortes (Estancia Samaña Pampa) etwas anfangen können.

"Die Landschaft ist einfach grandios. Wir fühlen uns wie auf dem Mond. Links liegen zackige, grau-braune, vergletscherte Felsriesen vor einem azurblauen Himmel, hinter uns sehen wir den La Cumbre Paß, die Laguna Estrellani und die zwei Seen, zwischen denen der Weg hinauf führte, und über uns wartet der Apacheta Chukura. Unser Atem geht noch kürzer als am Start, im Zickzack Kurs steigen wir an.

Ein Campesino kommt uns mit einem beladenen Maultier und einem hinterher trottenden Fohlen entgegen. Schwere

Säcke mit Kartoffeln und Yuca lasten auf dem Rücken des Tieres, das wir einen Moment festhalten, damit der Mann die Güter, die er in La Paz verkaufen will, noch einmal richtig festzurren kann."

Etwa 15 Minuten nach der letzten Gabelung erreicht man den **Apacheta Chukura Paß** mit seinem Steinmännchen auf 4.860 m üNN. Zwar liegt der Sattel ein paar Meter höher als jeder Punkt in Europa, doch kann man hier oben an vielen Tagen im T-Shirt wandern und von Schnee und Eis ist keine Spur. Trotz alledem muß man aber 365 Tage im Jahr auf Schnee vorbereitet sein.

Außerdem kommt nachmittags regelmäßig Nebel aus den Yungas herauf und macht die Orientierung fast unmöglich und ein Weitergehen sehr gefährlich. Deshalb sollte man La Paz so früh wie möglich verlassen, am besten zwischen sieben und neun Uhr, um jegliche Risiken zu vermeiden. Auch wenn die Distanz von der Christusstatue bis hierher nicht sehr groß ist, sollte man sich genügend Zeit geben, falls man den Weg nicht auf Anhieb findet.

Oben angekommen, eröffnet sich eine fantastische Aussicht ins nächste Tal, durch das sich der Trail abwärts schlängelt (☞ Titelbild). Vergletscherte Bergriesen, allesamt zwischen 4.000 und knapp über 5.000 m hoch, liegen im Norden.

In steilen Serpentinen beginnt der Abstieg ins Tal. Geröll und lose Steine erschweren den Weg und man muß aufpassen, wohin man tritt. Wanderstöcke sind besonders an solchen Abschnitten hilfreich. Schaut man über den prompt abfallenden Hang, der je nach Serpentine mal links, mal rechts liegt, kann man den Weg weiter unten sehen. Eine kleine Ruine, die am Ende der Serpentinen im Tal liegt, kommt in Sicht. Nur hier und da hat sich etwas Ichugras in Felsnischen angesiedelt und bringt farblichen Kontrast in die grauen, schroffen Wände.

🦅 In den Aufwinden können hier oft Greifvögel, wie z.B. die Caracaras beobachtet werden, die man an ihrem schwarzweißen Gefieder erkennt.

Nach einer Stunde Abstieg sind die Ruinen erreicht. Es ist nicht geklärt, welchen Ursprung die Mauerreste haben und wozu sie bestimmt waren, aber es ist möglich, daß es hier einst ein *Tambo*, ein Gasthaus für Reisende oder eine Übernachtungsmöglichkeit für Viehhirten gegeben hat.

⛺ An den Ruinen gibt es eine Mülltonne. Wer hier übernachten will, sollte dies außerhalb der alten Mauern tun, um diese nicht zu beschädigen. Weitere gute Zeltmöglichkeiten gibt es im hinteren Teil des Talkessels, den man erreicht, wenn man am Ende des Abstiegs nicht nach rechts zu den Ruinen läuft, sondern sich nach links wendet.

Wie ein "L" durchzieht hier ein Zufluß des **Río Lama Khuchu** das Tal, kommt von links und knickt an den Mauern nach Norden ab. Ein zweiter Zufluß kommt aus Südosten, direkt vom Cerro Kolini (4.968 m), der östlich des Apacheta Chukuras liegt. Nach den kargen Felsgründen kann sich das Auge hier unten zumindest am Gelb des Grases erfreuen. In den Wintermonaten ist dieser Farbton bestimmend für die Hochlagen des Andenraums. Erst in der regenreichen Zeit werden die Büschel saftig grün.

Am Bach kann man zum ersten Mal seine Trinkflaschen auffüllen.

Von dieser Stelle an folgt der Choro Trail dem Bach bis nach Chairo. Das Gewässer ändert seinen Namen einige Male und wird durch verschiedene Zuflüsse immer größer. Mal führt der Weg direkt an seinem Ufer entlang, mal sieht man den Fluß nur weit unten im Tal. Regelmäßig muß er überquert werden.

An seinem linken Ufer geht es nun weiter am Talhang, der schon recht früh am Nachmittag im Schatten liegt, bergab. Der Pfad ist auf diesem Stück nicht besonders gut, recht schmal und von Steinklumpen übersät. Nach einer halben Stunde passiert man die ersten Häuser der Ansiedlung **Estancia Samaña Pampa**, die auf etwa 4.000 m Höhe liegt.

"Am Bach, nicht weit oberhalb der ersten Häuser, machen wir eine Pause. Rauchsäulen steigen aus den einfachen Steinhütten auf, Schafe, Lamas und einige Maultiere weiden auf den trockenen Wiesen um uns herum. Herrlich erfrischend ist das klare Wasser, nur beim Fußbad sterben uns vor Kälte fast die Füße ab. Mehrere Gruppen Schafe sind auf dem Weg von den Weidegründen zu den von Steinen ummauerten Pferchen, wo sie nachts wenigstens vor dem kalten Wind geschützt sind. Direkt neben uns überqueren sie den Bach.

Ein junges Lamm, dem noch die Nabelschnur unter dem Bauch hängt, ist zu ängstlich und stürzt bei dem Versuch,

Unterwegs zwischen Estancia Samaña Pampa und Achura

übers schmale Wasserband zu springen, fast ab. Immer wieder tastet es sich an den Abgrund, schaut von einem hohen Stein ins Wasser, doch es wagt den Sprung nicht. Auf der anderen Seite wartet ungeduldig blökend die Mutter. Bevor es zu spät ist, ergreife ich die Initiative und hebe das Tier über den Bach. Zum Dank setzt mir Mutter Schaf sofort nach, und ich kann nur noch im letzten Moment entwischen."

⛺ Kurz vor den ersten Häusern gibt es einige recht ebene Stellen zum Zelten. Auf jeden Fall sollte man aber die Dorfbewohner um Erlaubnis fragen.

Entlang der Mauern der ersten Häuser geht es weiter. Nach etwa 20 Minuten überquert man den Bach und erreicht einen kleinen Laden.

⛺ Hier gibt es eine gute Stelle zum Zelten gegenüber des Ladens auf der linken Seite des Weges. Eventuell wird eine Gebühr von US$ 0,50 verlangt. Auch vor der Brücke gibt es mehrere geeignete Stellen auf der rechten Bachseite. Immer sollten aber die Dorfbewohner um Erlaubnis gefragt werden. In den Monaten mit wenigen Wanderern ist es meist möglich, in einem kleinen Nebenraum des Ladens zu schlafen.

🛒 Im kleinen Dorfladen der hauptsächlich für die Trekker eingerichtet wurde, gibt es Cola, Tütensuppen, Thunfischkonserven, Süßigkeiten und andere Kleinigkeiten. Für wenig Geld wird auch ein Essen zubereitet, das meist aus Kartoffeln oder Yucca, Reis und Spiegeleiern besteht. Wer Glück hat, bekommt vielleicht von einem der Kinder im Dorf fangfrische Forellen aus dem Bach angeboten. Seinen Speiseplan kann man darauf aber nicht abstimmen.

Von Estancia Samaña Pampa an verläuft der Pfad auf der rechten Seite des Baches. Schon nach zehn Minuten passiert man einen Felsen, auf den **"Chucura Alto"** gemalt steht.

"Chucura" ist ein anderer Name für "Achura", wie das nächste Dorf genannt wird. Doch bis dorthin sind es noch rund fünf Kilometer.

Der Weg ist zu beiden Seiten von Steinmauern begrenzt, die mit Flechten überzogen sind. Obwohl wirklicher Regenniederschlag nur in den Sommermonaten fällt, ist die Feuchtigkeit, die aus den Yungas in Form von Nebel und Wolken aufsteigt, ausreichend für die Bildung dieser Pflanzenstrukturen.

▲ Eine viertel Stunde hinter Samaña Pampa überquert man einen Bach, der von rechts aus den Bergen kommt. Direkt hinter der kleinen Brücke gibt es links unten am Talboden einige freie Flecken zum Zelten. Am besten fragt man auch hier bei der kleinen Hütte in der Nähe um Erlaubnis.

Nach dieser Einmündung ist der Bach, der dem Weg schon seit den ersten Ruinen folgt, und der seit Estancia Samaña Pampa den Namen **Río Phajchiri** trägt, milchig weiß gefärbt. Das Flußbett hat sich verbreitert und ist von großen Felsbrocken übersät.

Das Tal ist immer enger geworden und auch von seiner linken Seite fließen kleine Rinnsale hinunter und speisen den Bach. Mit jedem Meter ändert sich die Vegetation und wird vielseitiger. Neben dem Ichugras und den Flechten wachsen Moose und vereinzelte, nur zentimeterhohe, Farne. Angesichts der Höhe von 3.500 m ist das recht erstaunlich.

Nach nicht ganz einer Stunde erscheint zum ersten Mal Achura im Blickfeld. Für ein kleines Stück geht es auf einem gepflasterten Abschnitt des Präinkaweges vorwärts, dann wird der von rechts kommende **Río Wekho** auf einer kleinen Steinbrücke überquert. Von hier sind es noch knapp 10 Minuten ins "Zentrum" des Dorfes, wo man zum ersten Mal auf der Tour dünne Büsche und Bäume sieht.

Es geht an den ersten Hütten vorbei, man sieht Campesinos bei der Feldarbeit und viele Kinder. Die meisten von ihnen stürmen sofort auf die vorbeikommenden Trekker zu und beginnen, ohne auch nur "Hallo" gesagt zu haben, mit dem Betteln nach Süßigkeiten, Brot, Kugelschreibern und Aspirin. Dieses Verhalten konnte leider nur entstehen, indem Touristen die Menschen, vor allem die Kinder, mit eben diesen Dingen beschenkten, ohne über die Folgen nachzudenken.

Heute warten viele der Kinder den ganzen Tag auf Wanderer, vernachlässigen die Schule und zerstören sich mit den Bonbons, die sie leider immer noch geschenkt bekommen, die Zähne.

Wer auf dem Choro Trail wandert oder anderswo mit dem Problem bettelnder Kinder konfrontiert wird, sollte, so schwer es auch fällt, standhaft bleiben, und nicht die gleichen Fehler begehen. Höchstens mit einem Stück Brot, Früchten oder Wasser kann man Kindern helfen, die oft nur sehr wenig zu essen haben.

Achura - Choro (16 km)

Das beste Gebäude von Achura ist, wie in so vielen Dörfern, die Schule. Blaue Wände und ein gelbes Dach überstrahlen die übrigen, typisch graubraunen Häuser, die aus luftgetrockneten Adobeziegeln errichtet wurden.

Im Schulhof weht meist die bolivianische Fahne. Die Farben der rot-gelb-grünen Flagge haben eine tiefere Bedeutung, als manch einer denkt: Rot steht für das vergossene Blut der Männer, die für die Unabhängigkeit von Spanien gekämpft haben, Gelb steht für den Reichtum an Mineralien und Grün steht für die vielfältige Natur des Landes.

Ein kurzes Stück hinter der Schule gibt es links einen unscheinbaren Laden, auf den man nur durch das verblichene Schild: "*Hoy se sirve: refrescos*" aufmerksam wird. Hier gibt es in den Saisonmonaten Coca Cola, ähnliche Getränke und einige Süßigkeiten. Wer in der Nebensaison wandert, findet die Tür unter Umständen geschlossen vor.

Schräg gegenüber, auf der rechten Seite, befindet sich das **"Campamento Zorro Chucura"**, eine Station des Parque Nacional Cotapata, durch den der Choro Trail führt. Jeder Wanderer muß sich hier registrieren. Vor der Tür gibt es eine Mülltonne.

Tief eingegraben liegt der Río Phajchiri links des Trails und wird immer wieder von kleinen Rinnsalen gespeist, die von den Talhängen hinunter kommen.

Im Dorfbereich sollte man sich kein Wasser holen, denn es kann durch Abfall und Exkremente verunreinigt sein.

Nicht weit hinter dem Ort beginnt ein sehr schöner gepflasterter Abschnitt des Choro Trails. Diese Wege wurden

Gut erhaltenes Wegstück zwischen Achura und Challapampa

meist in der Zeit der Tiahuanaku Kultur (100 bis 1000 n. Chr.) angelegt und später von den Inkas weiter verbessert.

Der Choro Trail stellte eine der Haupthandelsrouten vom Tiefland zum Altiplano dar. Diese Aufgabe erfüllt der Trail seit dem Bau der Straße nicht mehr, obgleich er für die Menschen die an seinen Seiten leben immer noch die einzige Verbindung zur Zivilisation darstellt.

Ein letztes Haus liegt am Weg, dann geht es bergab und um eine Rechtskurve, hinter der man einen Bach überquert. Hier können die Wasserflaschen ohne weiteres wieder aufgefüllt werden, doch noch besser ist es, man wartet noch einen Moment, denn ein Stück weiter bergab, um eine Felskuppe herum, erreicht man einen viel größeren Bach, der sein klares Wasser zwischen mächtigen Felsblöcken ins Tal schickt.

Wie alle Bäche und Flüsse wird auch dieser in der Regenzeit stark anschwellen und vielleicht die Steinbrücke überschwemmen, auf der man ihn ansonsten trockenen Fußes überquert.

⚑ Direkt hinter der Brücke kann man rechts ein kurzes Stück flußaufwärts laufen und findet dort eine Stelle zum Zelten, allerdings ist dort nur Platz für ein, zwei Zelte.

"Oben auf der Felskuppe sehen wir eine Campesina, die sich um ihre Schafherde kümmert. Da sich die Tiere jedoch weit unter ihr in den Büschen am Fuße der Klippe befinden, benutzt sie eine Peitsche. Laut knallend saust sie durch die Luft. Jeden Peitschenhieb unterstützt die in ihren vielen Röcken sehr rund wirkende Frau durch ein Zungenschnalzen, und tatsächlich reagieren die Schafe sofort, kommen zu einer Gruppe zusammen und bewegen sich weiter in Richtung Achura."

⚑ Nur ein kleines Stück hinter dem Bach liegen rechts oberhalb des Weges einige weitere Stellen für Zelte, jedoch sind sie nicht so schön sichtgeschützt wie die zuvor.

Unter 3.600 m ü.N.N., der Höhe, auf der Achura sich etwa befindet, gibt es jetzt einen wahren Vegetationsschub. Zwar noch in kleinem Stil, aber dennoch in einem augenerfreuenden Grün wachsen Gräser, Farne und verschiedenste Büsche.

Der Inkaweg ist hier für ein Stück nicht mehr sehr gut erhalten, es liegt viel loses Geröll herum und nur von Zeit zu Zeit gibt es feste Stufenabsätze. Doch nur wenige Minuten dauert dieses Intermezzo, danach ist der gepflasterte Weg wieder hervorragend in Schuß. Links, parallel zum Weg, schießt der Bach abwärts und beruhigt mit seinem Rauschen.

"Da es hier für die Bewohner von Achura schon das erste karge Brennholz gibt, sehen wir mehrere ältere Frauen, die mit einer Machete in der Hand und einem Bündel Holz auf dem Rücken zurück zum Dorf laufen. Gebeugt gehen sie unter der schweren Last, die für die nächsten Tage ein wenig Licht und Wärme in die Hütten bringen wird.

Ein Campesinopaar überholt uns. Auf vier Packpferden bringen sie Vorräte aus La Paz heran. Ein junger Hund trottet ihnen hinterher. Doch als er eine kleine Schafherde entdeckt, ist es um ihn geschehen. Er vergißt alles um sich herum, treibt sie wild bellend auseinander und schießt den Tieren hechelnd hinterher."

⛺ 10 Minuten nach der letzten Steinbrücke, unterhalb der Klippe, gibt es links unten, zwischen Bach und Weg, mehrere freie Grünflächen, die sich gut als Lagerplatz eignen. Nach noch einmal 10 Minuten findet man links unten weitere Zeltplätze.

Es geht steiler bergab und wird immer grüner. Kleine Schmetterlinge flattern umher, Käfer bevölkern die Blätter. Nach dem ersten Stück durch Geröllandschaft bis Achura freut sich das Auge an der Farbintensität der Umgebung und gute Stimmung ist kaum zu vermeiden. Selbst bei Regen wird man hier gut drauf sein. Doch dies ist erst der Anfang...

Der Río Phajchiri führt nach den diversen Zuflüssen wieder klares Wasser und rauscht an dieser Stelle auch in der Trockenzeit erstaunlich stark, da er sehr dicht an der gegenüberliegenden Talwand entlangfließt.

⛺ Links neben dem Weg tauchen einige verfallene Mauern auf, kurz dahinter können am Flußufer zwei, drei Zelte errichtet werden.

Der gepflasterte Weg ist hier immer wieder völlig von Gras überwachsen, das die Schritte dämpft, besser noch als eine Laufbahn. Einige Rinnsale, die von rechts aus den Bergen kommen, werden überquert, dann taucht links plötzlich ein riesiger, flacher Felsen auf, der sich sehr für eine Pause anbietet.

Von dort geht es 10 Minuten weiter bergab und auf mehreren Serpentinen hin und her, bis man auf gleicher Höhe mit dem Río Pajchiri steht. Genau an dieser Stelle beginnt die allererste Steigung des gesamten Choro Trails seit dem Apacheta Chukura - doch es wird nicht die letzte sein!

Der Fluß gräbt sich tiefer in die Landschaft, der Weg steigt steil an einer Felswand entlang an. Die Sicht wird immer besser, voraus blickt man auf ein dichtes, üppiges Blättermeer in verschiedensten Grüntönen, zurück bis zu wilden Geröllhängen und auf das Tal, das immer grüner geworden ist.

Nach dem ersten steilen Anstieg geht es erst rechts um die Felsen herum und dann in einem weiten Linksbogen ziemlich eben weiter, bis man nach einem kurzen Stück an einen von rechts aus dem Dickicht kommenden Bach gelangt. Auf einer kleinen, wackeligen Holzbrücke geht es ans andere Ufer, von wo der Weg wieder zurück in Richtung Talgrund zum Río Pajchiri führt. Es beginnt ein steiler Abstieg in Serpentinen.

✋ Kleine Wasserströme fließen zwischen den Steinen über den Weg abwärts. Das Pflaster ist oft naß und dadurch extrem rutschig! Mit nassen Schuhsohlen kann man auch auf trockenen Steinen leicht ausrutschen.

"Mit jedem Meter, so scheint es uns, wird es heißer und heißer. Einer Quecksilbersäule im Thermometer könnte man hier beim Steigen zusehen. Meine Füße kochen in den Stiefeln, der Schweiß läuft und tränkt mein T-Shirt. Um mich herum summt und vibriert die Luft von herumfliegenden Insekten. Zum ersten Mal sehe ich kleine fleischfressende Pflanzen am Wegesrand."

Eine halbe Stunde nachdem man den Río Pajchiri verlassen hat, trifft man ihn in der kleinen Siedlung Challapampa wieder. Zwischen zwei Häusern hindurch läuft man zum Fluß, der hier, nach einem Zusammenfluß etwas weiter oben, noch breiter ist.

In der linken der zwei Hütten am Dorfeingang ist ein Laden untergebracht (zu erkennen an den Postern an der

Üppige Vegetation hinter Challapampa

Hauswand), der Cola, Bier und ein paar Kekse in seinem kleinen Angebot hat. Wer im Ort übernachten will, sollte hier auch um Erlaubnis fragen und die kleine Gebühr von US$ 0,50 entrichten. Gute Möglichkeiten zum Zelten gibt es auch am anderen Ufer, auf einer Wiese, wo man ebenfalls Mülleimer findet.

Der Fluß teilt sich in zwei ungleiche Arme und trennt mit einem schmalen Bach eine kleine Insel vom Land ab, auf der man eine Pause einlegen kann. Wer hier die Füße ins Wasser hält, hat ungefähr das Gefühl, er würde sie in eine gefüllte Eiswürfelbox stecken.

Von der Insel überquert man den schäumenden Fluß auf einer Behelfsbrücke, die nur aus zwei dünnen Eisenlatten und einem etwas höher hängenden Baumstamm zum Festhalten besteht (1998).

Vor dem Balanceakt auf keinen Fall vergessen, den Hüftgurt des Rucksacks zu öffnen. Denn sollte man abrutschen und ins Wasser fallen, wäre es fatal, wenn man sich nicht von seinem schweren Rucksack befreien könnte, der einen unter Wasser ziehen kann.

Auf der anderen Seite führt der Trail an einem letzten Häuschen vorbei, auf einer Holzbrücke über einen Bach und hinein in einen Wald, der noch dichter ist als zuvor. Vor allem Bambus und Farne wachsen hier. Der Weg wird schmaler, der Fluß, der ab hier nun **Río Chukura** heißt, fließt rechterhand durchs Tal.

Nach 10 Minuten erreicht man zwei Gräber, die in einer Kurve rechts am Wegesrand liegen. Von dieser Stelle eröffnet sich ein herrlicher Ausblick auf das Tal vor und unter einem. War der Weg bis hierher noch eben verlaufen, geht es nun zunächst wieder bergab.

Nach einer Linksbiegung läuft man unter einem überhängenden Felsen hindurch. In der kurz darauf folgenden

Rechtskurve fließt ein von links kommender Bach über den Weg, es ist etwas matschig und rutschig. Auch auf dem weiteren Weg kommen noch einige solcher Stellen, an denen Bäche den Weg kreuzen.

Auf Pflastersteinen geht es kurz steil bergauf und dann schon wieder für ein ganzes Stück ebenso steil bergab in Richtung Fluß. Hier muß man wieder aufpassen, wohin man tritt, denn die feuchten Steine sind extrem rutschig. Erst ist der Río Chukura noch hinter viel Vegetation verdeckt, doch schon nach einigen Minuten kann man an verschiedenen Stellen bis direkt ans Wasser heran.

Eine viertel Stunde folgt der Weg dem Flußverlauf, dann geht es zurück in den Wald und das Terrain wird sehr wellig. Man erreicht einen Bach, der steil die grüne Talwand hinuntergeschossen kommt. Direkt hinter der kleinen Holzbrücke, auf der man ihn trockenen Fußes überquert, beginnt der nächste steile Anstieg. Oben geht es auch wieder nur ein kleines Stück leicht hügelig weiter. Dieser Abschnitt ist, besonders am späten Nachmittag, wenn man sein Ziel endlich erreichen will, etwas nervenaufreibend.

Nach vielen Aufs und Abs erreicht man irgendwann einen Punkt, an dem der Trail nach links in ein Seitental schwenkt, aus dem ein Bach auf den Río Chukura zufließt. Nach 10 Minuten hat man das Ende dieses Talkessels erreicht und überquert den Bach von Stein zu Stein. Danach scheint alles noch üppiger und grüner. Das Licht wird durch das Blätterdach gedämpft, es riecht modrig und ein wenig nach dem Dung der Pferde und Maultiere, die hier vorbeigekommen sind. In dieser Region, vor allem auf dieser Höhe, gibt es keine Lamas und auch keine Schafe mehr.

Der letzte Anstieg beginnt hier, wo es matschig, schummrig und glitschig ist. Nach fünf Minuten erreicht man den Sattel und damit den Punkt, von dem es nur noch abwärts nach Choro geht. Nach 20 Minuten kommt man um eine Ecke und tritt ein wenig aus der dichten Vegetation heraus. Von dort erblickt man die ersten Häuser Choros. Doch darf man sich keinesfalls zu früh freuen, denn dies ist ein Teil des Ortes, der schon lange verlassen ist, die Hütten stehen leer. Die Landflucht in Bolivien ist groß, und auch von Choro hat es die Menschen nach La Paz, in ein vermeintlich besseres Leben gezogen.

Von den Häusern geht es kurz hinunter zu einem Bächlein, auf dessen gegenüberliegender Seite man an weiteren verlassenen Hütten vorbeiläuft. Von hier muß man den Pfad nehmen, der rechts an ihnen vorbeiführt und weiter zum Fluß geht.

🅧 Noch bevor man diesen erreicht, geht ein Trampelpfad nach links oben weg. Man kommt hier zu einem alten Haus hinter dem eine Wiese beginnt, auf der gezeltet werden kann.

Am Río Chukura entlang schlängelt sich der Choro Trail nun weiter nach Norden, wo man nach rund 10 Minuten Fußmarsch den letzten bewohnten Teil von Choro erreicht. Bananenstauden wachsen hier (auf 2.200 m), einige Hütten stehen im Umkreis.

🍴 Die Dorfbewohner betreiben hier für die Trekker einen kleinen Kiosk, in dem man Cola, Bier und Kekse und auch ein Abendessen zubereitet bekommt. Die Preise sind an diesem entlegenen Teil natürlich etwas höher (die 2 l Colaflasche kostet hier z.B. US$ 2 anstatt US$ 1,80 noch in Achura). Auch Frühstückseier kann man an den meisten Tagen bekommen.

🅧 Wer zelten möchte, kann seine Stoffhütte auf einigen freien Grasflecken in der Umgebung oder im Flußbett, das im Winter stellenweise trocken liegt, auf Sandbänken zwischen riesigen Felsblöcken aufbauen. Wer aufs Zelt verzichten möchte, kann sich auch im Schlafsack unter einem Wellblechdach auf seine Isomatte legen. Da es in der Hochsaison hier relativ voll wird, sollte man sich überlegen, eventuell an einem anderen Ort zu übernachten oder früh anzukommen. Das gilt sowohl für die Zeltplätze als auch für einen Schlafplatz unter dem Dach. Wer hier übernachtet, zahlt eine Gebühr von US$ 0,50.

☹ Choro hat einen sehr schlechten Ruf, denn ganz in der Nähe passierte vor einigen Jahren der Mord an einem schwedischen Wanderer. Heute ist der Ort sicher, die hier lebenden Menschen sehr nett. Trotzdem sollte man nachts nichts außerhalb der Zelte liegenlassen.

"Schon am Vormittag hatten wir die zwei deutschen Mitsechziger Detlev und Michael getroffen. Die beiden lustigen Kerle waren erst am frühen Morgen in La Paz aufgebrochen und hatten schon an einem Tag geschafft, wofür wir zwei

Das Dorf Choro mit Kiosk und Wellblechunterstand

benötigt hatten. Sie waren mit Wanderstöcken und zwei superleichten Tagesrucksäcken ausgestattet, hatten kein Zelt und keinen Kocher dabei, der eine trug Turnschuhe, der andere Straßenschuhe aus dünnem Leder. Sie wollten den gesamten Weg in nur zwei Tagen gehen.

Ihr Humor war köstlich und gebannt lauschten wir ihren Erzählungen von einer Südamerika-Reise, die sie vor 30 Jahren gemacht hatten. Dabei war ihnen in sieben Monaten nur ein einziger Tourist über den Weg gelaufen.

Mit Christian spiele ich später im Schein einer Taschenlampe Schach. Unzählige Motten und Nachtfalter werden wie magisch angezogen und bevölkern unser kleines Spielfeld.

Seit dem Einbruch der Dunkelheit fasziniert uns aber noch ein ganz anderes Naturschauspiel. Millionen von Glühwürmchen sitzen in den Bäumen am dicht gegenüberliegenden Talhang und blinken um die Wette. Im Zusammenspiel mit den Geräuschen der Nacht wird uns ein ganz besonderes Konzert dargeboten."

Choro - Chairo (23 km)

Wenn am Morgen die Sonne aufgeht, ist es tief unten im engen Tal noch schattig und kühl. Wer bereits von hier an einem Tag bis zum Ziel in Chairo kommen will, sollte loslaufen, noch bevor die Sonnenstrahlen den Talboden erreicht haben.

☺ Obwohl es hier schon früh am Morgen sehr warm ist, ist eine kurze Hose auf der nächsten Etappe nicht sehr angebracht, da man an vielen Stellen durch dichte Vegetation laufen muß.

Vom Kiosk aus läuft man 100 m weiter talabwärts und folgt dann dem Pfeil, der unter den Wörtern **"Puente Choro"** auf einem Fels an der linken Wegseite geschrieben steht. Vor den letzten Hütten des Dorfes geht es rechts herum und hinunter zum Fluß. Bevor man diesen mit etwas Kletterei erreicht, muß man über die Drahtseile der alten Brücke steigen, die im Frühjahr 1998 nach heftigen Regenfällen weggespült worden ist. In einem recht aktuellen amerikanischen Wanderführer stand zu dieser Brücke geschrieben, daß sie endlich einmal einen solideren Eindruck mache, und wohl nicht wie alle Vorgänger dem Hochwasser zum Opfer fallen würde. Doch auch sie wurde davongespült, und nun muß man auf einigen Baumstämmen balancieren, um über den Fluß zu gelangen.

☹   Da die letzte Brücke bei Hochwasser zerstört wurde, und im Herbst 1998 nur einige Baumstämme über den damals schmalen Fluß geführt haben, könnte es passieren, daß man während der Regenzeit oder kurzzeitig nach heftigen Regenfällen in Choro festsitzt. Am besten man erkundigt sich vor dem Start bei einem Veranstalter in La Paz (☞ Solo- und Gruppentouren).

✋   Wer über die schmale Baumstammbrücke balanciert, darf nicht vergessen, den Hüftgurt seines Rucksacks zu öffnen. Denn sollte man abrutschen und in den Bach fallen, wäre es fatal, sich nicht von seinem schweren Rucksack befreien zu können.

☺   Da der Weg an dieser Stelle zunächst einmal vom Wasser wegführt, ist es gut, seine Trinkflaschen noch einmal aufzufüllen.

Am anderen Ufer wartet viel Arbeit. Nachdem man die Böschung heraufgekraxelt ist und den Trail erreicht hat, beginnt ein langer Anstieg. Steil und immer eng am Hang, führt der Weg hinauf, erst nur geradeaus, später beginnen Serpentinen, die die Trekker schnell weit nach oben bringen. Dicht ist die Vegetation, das Grün des Waldes ist gespickt mit bunten Blüten. Nach rund einer halben Stunde des Anstiegs tritt man hinaus aus dem Wald und wird bei gutem Wetter normalerweise von brütender Hitze empfangen.

Der Blick reicht von dort nach Westen in das Seitental, aus dem der **Río Tikimani** strömt. Etwas weiter vereinigt sich dieser mit dem Río Chukura. Von dort an heißt der Fluß **Río Huarinilla**.

Fünf Minuten nach Verlassen des Waldes erreicht man einen Punkt, an dem Platz für ein einzelnes Zelt ist. Die Stelle ist sehr schön gelegen und man hat eine grandiose Aussicht. Das einzige Problem ist, daß es hier oben kein Wasser gibt, und man es in Flaschen oder einem Wassersack vom Río Chukura mit heraufbringen müßte.

Der Weg geht dann leicht nach rechts in exponierter Lage weiter. Man sieht hier nicht nur weit über die Täler der Yungas, sondern auch voraus auf den Trail, wie er sich am Hang entlangschlängelt und einen großen Linksbogen beschreibt. An manchen Stellen ist der Pfad sehr schmal, daneben geht es tief hinab - also aufgepaßt!

Eine halbe Stunde nach Verlassen des schattigen Waldes führt der Weg erstmals wieder bergab, und man kommt bald an einen kleinen Bach, der den Weg von rechts kommend kreuzt.

Zehn Minuten hinter dem Bach liegt eine größere freie Rasenfläche mit Platz für zwei, drei Zelte. Es gibt wieder eine fantastische Aussicht, allerdings auch hier leider kein Wasser.

Leicht hügelig und exponiert führt der Weg weiter. Die Aussicht ist sehr schön, doch bei Sonnenschein findet man hier kaum Schatten und wird förmlich gebraten.

Sonnencreme sollte auf jeden Fall schon am Morgen vor dem Start aufgetragen werden, da man sich noch immer auf einer Höhe von über 2.000 m befindet.

Viele Schmetterlinge fliegen hier durch die Gegend und besonders in den schattigen Abschnitten, die es etwas später

Zeltmöglichkeit im trockenen Flußbett beim Dorf Choro
Kleiner Wasserfall beim Dorf Choro

von Zeit zu Zeit gibt, wird man manchmal von bis zu zehn von ihnen umkreist.

"Wir machen eine kurze Pause und lassen uns im kühlen Schatten einiger Bäume nieder. Da meine Füße in den Stiefeln kochen, gönne ich ihnen etwas Luft. Kaum habe ich die Stiefel ausgezogen, kommen auch schon Schmetterlinge herangeflattert und lassen sich auf meinen Füßen nieder. Anscheinend haben es ihnen die Minerale meiner schweißgetränkten Socken angetan. Auch um die Haufen, die die Maultiere hier hinterlassen haben, flattern ständig mehrere kleine Flieger.

Von den Bäumen hängen nun schon kleine Lianen, der Urwald wird immer dichter. Die Tierstimmen werden immer intensiver, wobei wir vor allem Vögel und Insekten hören. Ein Vogel zwitschert wie ein Mobiltelefon, ein Insekt kreischt wie ein falsch eingestelltes Funkgerät."

Gut 30 Minuten hinter dem letzten Zeltplatz beginnt die Vegetation noch dichter zu werden und das kopfhohe, zu beiden Seiten des Weges wachsende, Schilf rückt immer enger zusammen. Besonders in der Nebensaison wird es manchmal so dicht, daß man sich regelrecht hindurch-"kämpfen" muß, vor allem, weil die Rucksäcke leicht hängenbleiben.

Bei Regen wird man durch den ständigen Kontakt mit dem hohen Gras auf diesem Abschnitt wahrscheinlich sehr naß werden.

Ganz plötzlich taucht nach einiger Zeit eine Steinmauer rechts im Dickicht auf. Es geht um eine Rechtskurve, dann steht man vor dem Eingang einer verlassenen Mine. Schon der Gedanke daran, wie die Arbeiter in schweren Säcken das Geröll von hier zum nächsten Ort durch die Berge schleppen mußten, läßt einem Schauer über den Rücken fahren.

▲ Direkt hinter dem Mineneingang, nur ein kleines Stück weiter auf dem Trail gibt es eine Stelle, an der bis zu zwei Zelte Platz haben.

Kurz darauf passiert man einen Felsen, auf den ein Pfeil und die Worte "**Río Jacu Manini**" gemalt sind. Nach fünf Minuten, die stetig bergab führen, erreicht man den Fluß. Auch hier gibt es wieder nur eine kleine Behelfsbrücke aus ein paar Baumstämmen, die zur Regenzeit wahrscheinlich weggespült werden. Hinter dem Fluß geht der Trail sofort steil nach oben.

⛺ Nach 20 Minuten Aufstieg kommt wieder eine schöne Stelle, an der es Platz für zwei Zelte gibt. Auch hier gibt es kein Wasser.

Noch einmal muß man 20 Minuten gehen, bis man die Siedlung **Kussillonani** erreicht, die aus einer einzigen Hütte und dem Kiosk San Francisco besteht.

Eine Familie mit zwei Kindern lebt an dem Ort, der eine fantastische Aussicht aber wenig Lebenskomfort bietet. In der näheren Umgebung ist der Wald für Bananenstauden brandgerodet worden.

🚰 Der Kiosk hat ein reichhaltiges Angebot (...auf das man sich allerdings nicht verlassen kann, denn alles muß über einen weiten Weg hierher transportiert werden). Normalerweise gibt es Cola, Kekse, Tütensuppen, Thunfischkonserven, Bananen und Bier. Abfall kann man hier loswerden, und es gibt ein rustikales Erdloch als Toilette.

⛺ Da der Trail an dieser Stelle sehr breit ist, kann hier gezeltet werden und mehrere Personen können unter einem Unterstand wie in Choro ihre Schlafsäcke ausrollen. Wer mag, kann sich ein kleines Abendessen kochen lassen.

Von Kussillonani geht es zunächst etwas bergab, bis man nach einer viertel Stunde den Ort des Trails erreicht, der ein perfektes Urwaldfeeling erzeugt. Ein plätschernder, von rechts kommender Bach kreuzt den Weg und stürzt linkerhand tief hinab in den Wald.

Durch ein dichtes Blätterdach gelangt nur wenig Licht an die Stelle, wo saftige Farne und Moose sprießen. Schmetterlinge flattern umher, es riecht feucht und ein wenig modrig. Von Stein zu Stein überquert man das Wasser.

Vom Bach führt der Trail ein paar rutschige Stufen nach oben in Richtung Licht.

⛺ Fünf Minuten später passiert man eine Zeltstelle, wo eng am Weg eine Stoffhütte aufgestellt werden könnte. Besonders schön ist es allerdings nicht hier.

10 Minuten nach Verlassen des Baches, in denen es überwiegend bergauf geht, schwenkt der Weg nach rechts um und in ein anderes Tal, aus dessen Tiefe der **Río** Kuscapa (auch Río Coscapa) kommt.

📷 ⛺ Am Wendepunkt zwischen den beiden Taleinschnitten, gibt es einen schönen Aussichtspunkt und Platz für ein Zelt (kein Wasser).

⛺ Weitere 10 Minuten später erreicht man einen Hang, der für den Anbau von Bananenstauden gebrandrodet wurde. Auf einem leicht schrägen Absatz haben an dieser nicht besonders schönen Stelle bis zu drei Zelte Platz. Dort, wo man aus dem Wald tritt, kurz bevor man diesen Punkt erreicht, passiert man eine kleine Rinne, aus der in einem fingerdicken Strahl Wasser abfließt. Es ist nicht sehr viel, deckt aber den Bedarf einer Übernachtung.

Von hier geht es über zwei Serpentinen ein Stück abwärts und dann eben weiter, bis man nach 20 Minuten einen Wasserfall erreicht, der rechts aus dem Wald kommt und über einen Felsen in einen kleinen Tümpel stürzt. Der Tümpel fließt über einen schmalen Bach ab, der den Weg kreuzt.

Provisorische Brücke über den Rio Chukura hinter Choro ☞

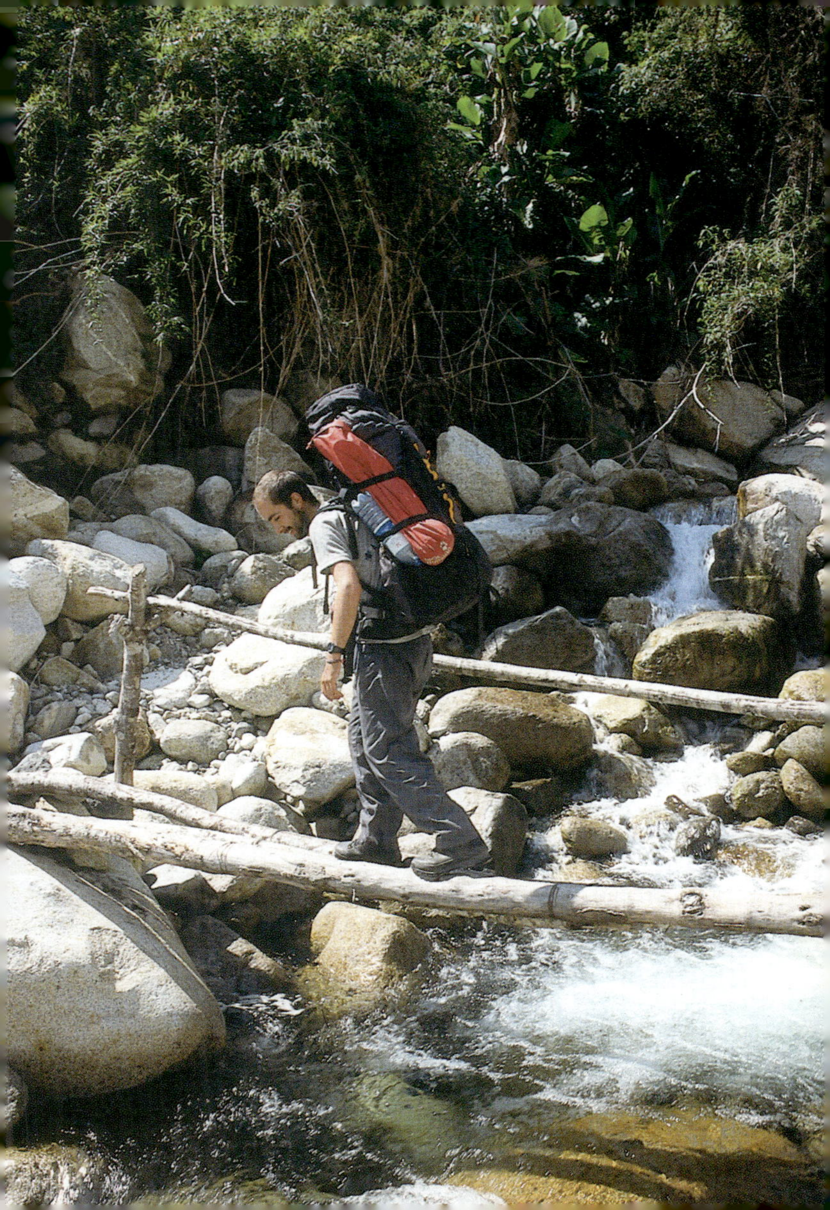

⚠ Direkt nachdem man den Bach überquert hat, weitet sich der Trail zu einem kleinen Rondell, das Platz für zwei Zelte bietet.

"Es ist schon spät, als wir den namenlosen Wasserfall erreichen, an dem es genug Platz für ein Nachtcamp gibt. Da unsere Beine schon lange müde sind, entscheiden wir uns dafür hierzubleiben. Es sieht nicht nach Regen aus, und so lassen wir die Zelte unberührt und breiten nur unsere Isomatten und Schlafsäcke aus. Christian und ich kümmern uns um ein Lagerfeuer, Nicole macht das Essen. Schnell ist es dunkel, und wieder beginnen Glühwürmchen ihr Blinkkonzert. Besonders spaßig ist es, ihre glühenden Flugbahnen zu verfolgen.

Wir befinden uns zwar noch immer auf 1.800 m, aber hier ist es selbst nachts heiß. Da mein Schlafsack einen Komfortbereich bis in die Minusgrade hat und eigentlich nur für die erste Nacht perfekt geeignet war, brate ich bald in meinem eigenen Saft und sehne den Morgen herbei."

Nach einem kleinen Knick nach rechts geht es sofort bergab und nach 10 Minuten ist die schönste Brücke des gesamten Choro Trails erreicht. Auf dem steilen und oft rutschigen Weg nach unten muß man aufpassen, wohin man tritt, denn direkt neben dem Pfad fällt der Hang steil in den Wald ab. Es ist zwar nicht zu erkennen, wieviele Meter es abwärts geht, doch einen Ausrutscher sollte man auf jeden Fall vermeiden.

Die Brücke über den **Río Kuscapa** ist eine fantastische Hängekonstruktion über eine tiefe Schlucht. Moosbewachsen sind die Äste, über die man von einem Ende zum anderen läuft. Auch wenn die Brücke wohl viel aushält (selbst Maultiergruppen passieren sie), läuft besser vorsichtshalber immer nur eine Person zur Zeit darüber.

Vom Fluß, der rauschend zwischen großen Felsblöcken von rechts aus dem Tal hervorkommt, geht es sofort mächtig bergan. Schnell erreicht man eine große Höhe, und bald eröffnen sich schöne Ausblicke über das enge Tal zur gegenüberliegenden Seite, an der der Weg abwärts geführt hat.

Nach 20 Minuten erreicht man einen Aussichtspunkt, den man schon vom Wasserfall aus hatte sehen können. Von hier ist auch zu erkennen, wie groß der Fall auf der anderen Talseite in Wirklichkeit ist. Hatte man dort nur einige unscheinbare Meter der Kaskade gesehen, eröffnet sich jetzt die Wahrheit. Von ganz oben, vom Bergrücken, stürzt er in die Tiefe, tritt hier und da wie ein weißes Band aus dem Wald und ergießt sich als dünner Strahl unterhalb des Zeltplatzes fast 100 m ins Tal.

An diesem Aussichtspunkt und noch ein zweites Mal fünf Gehminuten weiter gibt es Platz für bis zu zwei Zelte. (kein Wasser).

Offen und eng am steilen Hang entlang führt der Weg weiter zurück zum Haupttal des Río Huarinilla. An vielen Stellen hat man eine weite Sicht auf die Umgebung der grünen Täler der Yungas, aber auch zurück auf die grauen, schroffen Gipfel. Durch die Exponiertheit des Weges ist es bei gutem Wetter recht heiß.

Eine halbe Stunde nachdem man den **Río Kuscapa** verlassen hat, erreicht man **Bella Vista**, eine ähnliche Siedlung wie Kussillonani, die man von dort schon als kleinen Punkt hat sehen können.

Auch hier gibt es einen kleinen Kiosk und Übernachtungsmöglichkeiten. Leckere, frische Bananen kommen von den Stauden, die direkt am Hang wachsen, auch Kekse und Cola sind im Angebot. Unter zwei Wellblechdächern liegen die Freiluftschlafplätze, Zelte haben am Trail kurz vor der ersten Hütte Platz.

Wasser gibt es hier oben sehr wenig, es tröpfelt nur ein kleines Rinnsal aus einer Quelle ein kleines Stück hinter den

Hütten. An Tagen, an denen hier viele Wanderer übernachten, sollte man sparsam damit umgehen.

"Wir plaudern während unserer Frühstückspause mit dem Hausherrn der Drei-Hütten Siedlung und finden heraus, daß er Bananen überhaupt nicht mag. Wirklich schade, wo sie ihm hier oben direkt vor der Nase wachsen. Schon heute morgen, kurz vor unserem Aufbruch am Wasserfall, war der sympathische Typ mit einem geschulterten Gewehr durch unser Camp gekommen. Er war auf der Jagd, um etwas Fleisch für die ansonsten sehr eintönige Küche zu beschaffen, denn normalerweise gibt es hier nur Yucca, etwas Reis und vielleicht ein Spiegelei."

Kurz geht es noch durch eine Bananenplantage, dann vorbei an der Quelle und eben weiter, bis man nach fünf Minuten an eine zweite, ähnlich mickrige Quelle kommt. Eventuell läuft in den nassen Monaten hier etwas mehr Wasser herunter.

Eine Viertelstunde hinter Bella Vista beginnt ein kurzer, steiler Abstieg zu einem Bach, den man schon nach 200 m erreicht. Hier können die Trinkflaschen besser aufgefüllt werden. Vom Bach beginnt ein rund 20minütiger Aufstieg, der nur im ersten Teil durch einen schattigen, kühlen Wald führt und sich dann dem Sonnenlicht öffnet.

Das Ende der Steigung markiert eine leichte Rechtskurve, an der ein einzelnes Haus einer Familie steht. Dahinter sieht man ein gebrandrodetes Feld. Schaut man hier nach links, über eine kleine Senke hinweg, kann man am gegenüberliegenden Hang Sandillani und das Haus des berühmten Japaners entdecken, der hier schon seit vielen Jahren wohnt. Bis dorthin sind es noch etwa zehn Minuten.

▲ Nach rund 300 Metern passiert man eine freie Rasenfläche am Weg, auf der gezeltet werden kann. Da das Haus sehr nah ist, sollte dort um Erlaubnis gefragt werden. Wasser kann man aus einem Bach ganz in der Nähe schöpfen.

Weg am Berghang hinter Choro

Hängebrücke über den Rio Kuscapa

🏕️ Schon in Blickweite sind drei weitere Hütten, von denen eine als Laden fungiert (Bier, Cola, Konserven). Auch einen Mülleimer gibt es, und man kann hier auch zelten oder seinen Schlafsack unter einem Dach ausbreiten.

In einem Linksbogen führt der Trail am rechten Talhang um die Senke herum. Dichte Vegetation wechselt mit offenen Stellen, bis man schon nach kurzer Zeit an einem 90° Rechtsknick steht und auf einer zerfallenden Betonmauer die Worte "Sandillani" lesen kann. Ein Pfeil weist nach rechts, wo in etwa 100 m Entfernung das Haus des Japaners und ein Kiosk stehen.

🏕️ In **Sandillani** kann man gegen eine Gebühr zelten und am Kiosk ein letztes Mal einkaufen. Er hat das beste Angebot am gesamten Choro Trail (Mais- und Thunfischkonserven, Würstchen, Schokoriegel, Cola, Bier, Kekse), was an dieser Stelle leider nicht mehr viel nützt, es sei denn, man verbringt die letzte Nacht hier oder benötigt noch Zutaten für die Mittagspause. Denn es ist nicht mehr weit zum Ziel in Chairo. Wer keinen Proviant mehr hat, kann sich hier auch ein Essen zubereiten lassen.

"Der berühmte Japaner, der keinen Trekker an seinem Haus - dem "Haus des Japaners" - vorbeiläßt, bevor er sich nicht in seinem Gästebuch eingetragen hat, läßt lange auf sich warten. Zu dritt leeren wir eine Zweiliterflasche Coke, verdrücken ein Mittagessen aus Yucca und Reis und wollen uns gerade wieder auf den Weg machen, als der alte Mann doch noch erscheint. Er trägt ein zerfleddertes Schulheft unter dem Arm, in dem ich mich als Nr. 3.656 für dieses Jahr eintrage."

Von Sandillani geht es zunächst für 10 Minuten im Wald abwärts, dann, nach einer Rechtskurve, ändert sich die Umgebung völlig, und man läuft wieder frei durchs Gelände. Von der Siedlung geht der Trail eigentlich nur noch bergab, die einzige Abwechslung bieten einige ebene Abschnitte.

Von der Kurve kann man einen ersten Blick auf Coroico werfen, das weit entfernt im Osten auf einem Bergrücken liegt und mit seinen vielen weißen Gebäuden strahlt. Auch die Folgen des Baus einer neuen Straßenverbindung zwischen La Paz und Coroico sind an einem näher gelegenen Berghang sichtbar. Völlig zernarbt liegt er da, Erosion hat braune Erde und Geröll zum Vorschein gebracht, wo früher nur dichter Yungas-Wald war.

Nach einer halben Stunde kommt man an einem dünnen Bächlein vorbei, dann folgt ein kurzes Stück durch einen schattigen Wald. Jeder Schritt unter dem Blätterdach ist eine Wohltat, da man sich hier nur noch auf rund 1.500 m Höhe befindet, und die Luft meist drückend heiß ist.

"Schon seit Choro habe ich arge Knieprobleme und besonders auf diesem letzten Stück bin ich heilfroh, daß Nicole und Christian mir einige Sachen abgenommen haben. Außerdem kann ich drei, vier andere schwere Gegenstände an Träger einer Gruppe verteilen, die wir nach drei kurzen Begegnungen an den Vortagen auch in Sandillani wieder getroffen haben.
Die organisierte Tour besteht aus einem französischen Pärchen, drei Trägern, einer Köchin und dem Guide. Für mein Zeug ist bei einer solchen Gruppenzusammenstellung noch viel Platz und die Männer freuen sich über ein paar Dollar mehr, die ich in diesem Fall gern zahle."

40 Minuten nach dem Wald beginnt eine Serie von Serpentinen, die den Trail immer näher zum Fluß bringen.

Am Ende der Kurvenstrecke führt der Trail geradeaus und um einen Felshang herum. Der Río Huarinilla ist nun schon recht nah, die ersten Häuser von **Chairo**, eines davon mit einem lockenden Pool, erscheinen. Nachdem man das kleine Chairo komplett im Blick hat, warten noch fünf letzte Serpentinen auf den Wanderer.

Unterwegs nach Sandillani

Die letzte führt kurz vor einer Stromleitung links herum und nach unten zur "Hauptstraße" des Ortes und einem roten Haus. Etwa zwei Stunden benötigt man von Sandillani hierher.

🍹 In Chairo kann man gleich links vom Trailende einen erfrischenden Drink kaufen. Man hat es sich wirklich verdient.

Chairo - Coroico (25 km)

Die meisten Trekker beenden die Wanderung im kleinen Dorf Chairo. Zwar kann man von hier noch weiter bis nach **Yolosa** laufen (17 km), doch führt die Strecke entlang einer Schotterpiste durch ein heißes Tal und ist kaum lohnend, nachdem man vom sehr viel schöneren Trail kommt. Lieber sollte man der alten Weisheit folgen und "aufhören, wenn's am schönsten ist".

Sofern sich Leute anfinden, fährt eigentlich jeden Nachmittag ein Pick-Up Truck von Chairo nach Coroico. In der Hauptsaison fällt der Preis mit US$ 3,50 recht moderat aus, da viele Leute das Angebot nutzen. Doch in der Nebensaison, kann es etwas teurer werden. Der Preis für den gesamten Truck, mit dem rund 15 bis 20 Leute befördert werden, beträgt etwa US$ 35.

Wer laufen möchte, hat noch die Furt eines Flusses zu überwinden, was nach Regenfällen nicht ganz leicht ist. Hat man das kleine, unattraktive Dorf Yolosa erreicht, liegen noch weitere acht Kilometer bergauf bis Coroico vor einem.
Hier ist es allerdings etwas leichter per Anhalter weiterzukommen. Die Fahrt bis zur Plaza kostet etwa US$ 0,50.

Der Abstieg von Sandillani nach Chairo

Coroico - La Paz

Ein letztes kleines Abenteuer erlebt man auf dem Rückweg von Coroico nach La Paz. Die Straße, die sich an schroffe Felswände drückend in die Höhe windet und auf der immer wieder, vor allem in der Regenzeit durch Erdrutsche ausgelöst, Unfälle passieren führt Namen wie "Todesstraße" oder "gefährlichste Straße der Welt".

Doch die Fahrt nach oben ist, vorausgesetzt das Wetter spielt mit, nicht ganz so wild, wie es sich anhören mag. Denn der Verkehr in Richtung La Paz fährt grundsätzlich auf der linken, also der Innenseite der Piste. Nur die Wagen, die aus La Paz kommen, müssen sich bei Gegenverkehr hart am Abgrund entlangtasten. Zwar kann man auch versuchen auf der Fläche eines Lastwagens zurückzukommen, was aber eher am Fuß der Straße nach Coroico, in Yolosa, klappt. Am sichersten und bequemsten allerdings fährt man in einem der Minibusse, die regelmäßig von der Plaza starten. Die Fahrt dauert rund drei Stunden.

- ♦ Turbus Totai, an der Plaza in Coroico, ☎ 0811-8624, 6:30-21:30, 12 B, Abfahrt um 4/7/8/8:30/9/10:30/11/13/14/15/16:30/17:30.

Wissen, wo es lang geht...

Wir haben ReiseHandbücher zu Zielen auf allen Kontinenten und einmalig interessante OutdoorHandbücher im Programm. Wenn Sie mehr wissen wollen, fordern Sie ganz einfach unser komplettes Verlagsprogramm kostenlos und unverbindlich an:

- Conrad Stein Verlag, In der Mühle, D-25821 Struckum
- 04671 / 93 13 14
- FAX 04671 / 93 13 15
- <outdoor@tng.de>

oder besuchen Sie uns auf unserer Homepage im Internet (die Seiten sind ganz einfach herunterladbar):

- <http://outdoor.tng.de>

Fremdsprech

Wer in Bolivien unterwegs ist, noch dazu in Landstrichen weit entfernt von Städten, in denen in Schulen teilweise grundlegende Englischkenntnisse vermittelt werden, ist ohne ein paar Brocken Spanisch aufgeschmissen. Spanisch, welches in Bolivien nicht als *español*, sondern als *castellano* bezeichnet wird, ist neben den alten Sprachen der Indianer, *Aymará* und *Quechua,* Amtssprache.

Nicht nur, daß man sich unterwegs nicht verständigen kann und u.U. lange braucht, bis man seine Wünsche mit Händen und Füßen umschrieben hat, dazu kommt, daß das Reisen einen völlig neuen Aspekt dazugewinnt, wenn man sich mit Menschen austauschen kann. Da man als *gringo* viel Neugier weckt, kommt man schnell ins Gespräch und erfährt einfach viel mehr über das Land und seine Bewohner.

Das Spanisch Südamerikas differiert in einigen Dingen erheblich vom Spanisch, das in Europa gesprochen wird. Bei der Aussprache beispielsweise, wird in Lateinamerika auf das Anstoßen der Zunge an die Zähne bei Lauten wie "Paz" oder Bar**c**elona" verzichtet.

Ganz wichtig ist auch, daß die Form von "vosotros" nicht existiert. "Ihr" wird immer mit der dritten Pluralform "ustedes" gebildet. Also fragt man mehrere Leute nicht mit "cómo etaís", sondern mit "cómo están" nach ihrem Befinden.

Verbkonjugationen

		habl-ar	**com-er**	**viv-ir**
ich	yo	habl-o	com-o	viv-o
du	tu	habl-as	com-es	viv-es
er, sie	el, ella	habl-a	com-e	viv-e
Sie	Usted (Ud.)	habl-a	com-e	viv-e
wir	nosotros	habl-amos	com-emos	viv-imos
ihr, Sie	Ustedes	habl-an	com-en	viv-en
sie -	ellos	habl-an	com-en	viv-en

In diesem Kapitel habe ich Redewendungen und nützliche Vokabeln aufgeführt, die einen kleinen Grundwortschatz darstellen, ohne den man seine Reise nicht beginnen sollte.

Für Grammatik-Interessierte empfehle ich Spanisch-Sprachführer, die oft auch in Verbindung mit einer Kassette angeboten werden.

Ein Ausweg für all diejenigen, die beim Abflug noch kein Spanisch sprechen und für alle, die in Kontakt mit der ländlichen Bevölkerung kommen, die oft lediglich Aymará oder Quechua sprechen, ist ein kleines Büchlein, das sich *point it* nennt. In ihm gibt es Bilder von allen erdenklichen Gegenständen, Lebensmitteln, Tieren, Hobbys und eine Weltkarte. Wenn man mit Worten nichts mehr erreichen kann, helfen Bilder bestimmt weiter.

♦ point it, Dieter Graf Verlag, DM 9,80.

☺ Eines der schönsten Versehen ist die Verwechslung bzw. die nicht situationsgerechte Anwendung der *Wörter cansado/-a* (müde) und *casado/-a* (verheiratet).

Bei diesem Fehler wird man die Lacher immer auf seiner Seite haben.

Allgemeines

Sprechen Sie Englisch?	*Habla usted inglés?*
Ich spreche kein...	*No hablo...*
Ich verstehe nicht.	*No entiendo*
Können Sie mir helfen?	*Puede ayudarme?*
Ich heiße...	*Me llamo...*
Verzeihung, Entschuldigung	*disculpe, perdón*
Woher kommen Sie?	*De dónde viene usted?*
Woher kommst Du?	*De dónde vienes?*
Ich bin aus Deutschland/ Österreich/der Schweiz.	*Soy de Alemania/ de Austria/ de Suiza.*
Ich bin Deutscher/ Österreicher/Schweizer	*Soy aleman/ austriaco/suizo*

Danke, vielen Dank	*gracias, muchas gracias*
keine Ursache	*de nada*
Bitte	*por favor*
Ja, Nein	*sí, no*

Begrüßung

Hallo	*hola*
Guten Morgen(Tag)/Abend	*buenos días/buenas tardes*
Tschüß, Auf Wiedersehen	*ciao/adiós, hasta luego*
Wie geht es Ihnen?	*Cómo está usted?*
Wie geht es Dir?	*Como estás?/Qué tal?*

Übernachten

Können wir hier zelten?	*Podemos acampar aqui?*
Kennen Sie ein gutes Hotel/billiges Hotel?	*Conoce un hotel bueno/hotel barato?*
Haben Sie ein freies Zimmer?	*Tiene una habitación libre?*
Haben Sie ein Einzel-Doppel-/Dreierzimmer	*Tiene una habitación simple doble/triple?*
Wieviel kostet eine Nacht?	*Cuánto cuesta una noche?*
Haben Sie warmes Wasser/warme Duschen?	*Tiene agua caliente/duchas calientes?*
den ganzen Tag?	*todo el día?*
mit privatem Bad?	*con baño privado?*
mit Gemeinschaftsbad?	*con baño compartido?*
Ich werde ... Nächte bleiben.	*Me quedo...noches.*
Können Sie meine Wäsche waschen?	*Puede lavar mi ropa?*
Haben Sie eine Gepäckaufbewahrung?	*Tiene un deposito/consigna de equipaje?*
Schlüssel	*una llave*
mit Steuern	*con impuestos*

Essen

Restaurant	*el restaurante*
Frühstück	*el desayuno*

Tagesgericht - Mittags	*el menu del día/el almuerzo*
Tagesgericht - Abends	*la cena*
Nachspeise	*el postre*
Kaffee	*el café*
Tee	*el té*
Kakao	el *cacao*
Kekse	*las galletas*
Limonade	*la gaseosa*
Fruchtsaft	*el jugo (de fruta)*
Mineralwasser mit/ohne Kohlensäure	*el agua mineral con/sin gas*
Die Speisekarte, bitte.	*La carta, por favor.*
Die Rechnung, bitte.	*La cuenta, por favor.*
Was können Sie mir empfehlen?	*Qué puede aconsejarme?*
Messer, Gabel	el *cuchillo,* el *tenedor,*
Löffel, Teelöffel	*la cuchara, la cucharita*
Glas, Flasche	*el vaso, la botella*
Trinkgeld	*la propina*

Einkaufen

Ich hätte gern...	*quisiera...*
Ich brauche...	*necesito...*
Haben Sie...?	*Tiene...?*
Was kostet...?	*Cuánto cuesta...?*
Wissen Sie, wo ich... bekommen kann?	*Sabe dónde puedo comprar (conseguir)...?*
Lebensmittel	*los alimentos*
kaufen, verkaufen	*comprar, vender*
teuer, billig	*caro, barato*
Gramm, Pfund, Kilo	*el gramo, el medio kilo, el kilo*

Lebensmittel

Ei	*el huevo*
Käse	*el queso*
Milch	*la leche*
Butter	*la mantequilla*

Wurst	*el embutido*
Fleisch	*la carne*
Fisch	*el pescado*
Reis	*el arroz*
Nudeln (allg.), Bandnudeln	*la pasta, los tallarines*
Tomate	*el tomate*
Brot	*el pan*
Zwiebel	*la cebolla*
Gemüse	*los legumbres*
Obst	*la fruta*
Bier	*la cerveza*
Kartoffeln	*las patatas/ las papas*
Bonbon	*el caramelo*

Bank, Post, Behörden

Wo ist die Post/Bank/Polizei?	*Dónde está el correo/el banco/la policia?*
Wann öffnen/schließen Sie?	*A qué hora abre/cierre?*
Benötigen Sie meinen Ausweis?	*Necesita mi passaporte?*
Briefmarke	*el sello*
Umschlag	*el sobre*
Paket	*el paquete*
Brief, Postkarte	*la carta, la postal*
Bargeld	*el efectivo/el metalico*
Reisescheck	*el cheque de viaje*
Wo ist die Bank/Wechselstube?	*Dónde está el banco/la casa de cambio?*
Wie ist der/Ihr Wechselkurs?	*Qué es el/su tipo de cambio?*
Man hat mir meine Tasche/meinen Rucksack gestohlen.	*Me han robado mi bolsa/mi mochila.*
Reisepaß	*el pasaporte*
Wo ist die Botschaft/das Konsulat?	*Dónde está la embajada/el consulado?*

Gesundheit

Rufen Sie bitte einen Krankenwagen/...bitte einen Arzt!	*Llame una ambulancia/un medico, por favor!*

Wo haben Sie Schmerzen?	*Dónde le duele?*
Ich habe hier Schmerzen.	*Me duele aqui.*
Ich habe starke Zahnschmerzen.	*Me duelen los dientes mucho.*
Dieser Zahn tut mir weh.	*Me duele este diente.*
Wo gibt es einen Arzt, der Deutsch/ Englisch spricht?	*Dónde hay un médico, qué hable aleman/inglés?*
Krankenhaus	*el hospital*
Haben Sie etwas gegen...?	*Tiene algo para...?*
Erkältung, Grippe	*el resfriado, la gripe*
Kopfschmerzen	*el dolor de cabeza*
Fieber	*la fiebre*
Höhenkrankheit	*el soroche*
Magenschmerzen	*dolor de estómago*
Durchfall	*la diarrea*
Knochenbruch, Verstauchung	*la fractura, la distorsión*
Sonnenbrand	*la quemadura solar*
Medikament	*el medicamento*
Arzt	*el médico*
Apotheke	*la farmacia*
Ich habe mir den Magen verdorben.	*Tengo una indigestión.*
Ich habe Durchfall.	*Tengo diarrea.*

Orientierung

Ich suche...	*(Yo) busco...*
Wo geht es nach...?	*Por dónde se va a ...?*
Wieviele Kilometer sind es bis...?	*Cuántos kilómetros son hasta ...?*
Wann fährt der Bus nach ... ab?	*A qué hora sale el bus a ...?*
Auf welcher Höhe liegt...?	*A qué altura esta ...?*
Wie heißt dieses Dorf?	*Cómo se llama este pueblo?*
Wo ist...?	*Dónde está ...?*
Wo ist der Bahnhof?	*Dónde está la estación*?
...der Busbahnhof?	*...trenes)/ de autobuses?*
Wo fahren die Busse nach...?	*Dónde salen los autobuses...?*
Um welche Uhrzeit fahren	*A qué hora salen los*

die Busse nach ... ab?	autobuses para ...?
Bushaltestelle	la parada
Flughafen	el aeropuerto
links	a la izquierda
rechts	a la derecha
geradeaus	todo derecho, todo recto
(Platz am...) Fenster/Gang	asiento de ventanilla/ pasillo
vorne, hinten	delante, atrás
Norden	el norte
Osten	el este
Süden	el sur
Westen	el oeste

Wetter

Wie wird das Wetter morgen/ nächste Woche?	Qué tiempo hará mañana/ la semana que viene?
Regen	la lluvia
Gewitter	la tormenta
Schnee	la nieve
Wind	el viento
Sturm	la tempestad
Sonne	el sol
Wolken	las nubes
Nebel	la niebla
kalt	frío
warm	caliente

Zahlen & Co

null	cero	acht	ocho
eins	uno	neun	nueve
zwei	dos	zehn	diez
drei	tres	elf	once
vier	cuatro	zwölf	doce
fünf	cinco	fünfzehn	quince
sechs	seis	sechzehn	dieciseís
sieben	siete	siebzehn	diecisiete

zwanzig	*veinte*	siebzig	*setenta*
einundzwanzig	*veintiuno*	achtzig	*ochenta*
neunundzwanzig	*veintinueve*	neunzig	*noventa*
dreißig	*treinta*	hundert	*cien*
vierzig	*cuarenta*	zweihundert	*doscientos*
fünfzig	*cincuenta*	tausend	*mil*
sechzig	*sesenta*	zehntausend	diezmil

Tage, Monate

Tage	*los días*
täglich	*diariamente/todos los días*
Woche	*la semana*

Montag	*lunes*	Januar	*enero*
Dienstag	*martes*	Februar	*febrero*
Mittwoch	*miércoles*	März	*marzo*
Donnerstag	*jueves*	April	*abril*
Freitag	*viernes*	Mai	*mayo*
Samstag	*sábado*	Juni	*junio*
Sonntag	*domingo*	Juli	*julio*
		August	*agosto*
		September	*septiembre*
		Oktober	*octubre*
		November	*noviembre*
		Dezember	*diciembre*

Auf dem Trail unterwegs

Fluß	*río*	Hütte	*casita*
Berg	*montaña*	Wald	*bosque*
Weg	*camino*	See	*lago*
Zeltplatz	*campamento*	Wasserfall	*cascada*
Brücke	*puente*	Abstieg	*bajada*
Tal	*valle*	Anstieg	*subida*

andere nützliche Wörter

Batterie	*la pila*
Träger	*el portador*

Koch	*el cocinero*
Führer	*el guía*
Kunsthandwerk	*la artesanía*
Markt	*el mercado*
Laden	*la tienda*

Campingausrüstung

Schlafsack	*la bolsa de dormir*
Kocher	*la cocinilla*
Isomatte	*la colchoneta*
Mütze	*la gorra*
Taschenlampe	*la linterna*
Rucksack	*la mochila*
Zelt	*la tienda de campaña/carpa*
Feuerzeug	*el encendedor*
Streichhölzer	*los fósforos*
Stiefel	*las botas*

Sie wollen ein Buch
(oder mehrere) aus dem Conrad Stein Verlag
kaufen...

... leben aber jott-we-de <u>oder</u> bestellen alles andere schon immer im Versand <u>oder</u> trauen sich wegen des schlechten Wetters nicht auf die Straße <u>oder</u> wollen Ihren Buchhändler nicht mit ausgefallenen Wünschen belästigen <u>oder</u> finden es einfach bequemer - dann sollten Sie bei uns bestellen:

GERMINAL GMBH
Verlags -und Medienhandlung
Postfach 70, 35461 Fernwald, Tel. 0641/41700, Fax 0641/943251
e-mail: progerminal@t-online.de

Wir liefern Ihnen alle Bücher aus dem Prospekt des Conrad Stein Verlags ab einer Mindestbestellsumme von DM 15 bis zu DM 199 <u>gegen Rechnung zuzügl. DM 5 für Porto und Verpackung</u>. Ab DM 200 erfolgt die Lieferung nur gegen Vorkasse (bitte Scheck beilegen) oder Bankeinzug (Kontonummer und BLZ bitte mitteilen) oder per Kreditkarte (Visa, Eurocard, American Express, Diners Club - bitte Kartennummer und Ablaufdatum mitteilen).

ⓤ trangia-Sturmkocher

Je stärker der Wind, desto besser brennt er.

Der meistverkaufte Sturmkocher der Welt! Made in Sweden: robust und schier unverwüstlich. Funktioniert unter allen Bedingungen. Der raffiniert konstruierte Windschutz für den Spiritusbrenner macht die Benutzung selbst bei starkem Wind möglich. Kleines Packmaß, da alle Teile platzsparend ineinander passen. In Aluminium, Duossal, Nonstick und Titan erhältlich. Infos im Outdoor-Fachhandel. Oder bei Scandic Outdoor.

SCANDIC OUTDOOR

Scandic Outdoor GmbH, Zum Sportplatz 6, 21220 Seevetal,
Tel. (0 41 05) 6 81 30, Fax (0 41 05) 68 13 19, e-mail: scandic@t-online.de

MEINDL
Shoes For Actives

Weltbewegend.

Auf der ganzen Welt zuhause. Schuhe für Trekking, Wandern und Hiking. Erleben Sie die neuen Meindl Schuhe bei Ihrem Fachhändler.
www.Meindl.de

Index

A
Achura	84
AIDS	33
Apacheta Chukura Paß	77, 80
Ausrüstung	13, 24
Ausrüstungsläden/-verleih	21
Ausrüstungsliste	19
Autovermietung	54

B
Bella Vista	104
Bioseife	18
Blumenmarkt	60
Bus	12
Busgesellschaften	77

C
Campamento Zorro Chucura	86
Campingausrüstung	59, 120
Cerro Kolini	81
Cerro Uchumachi	71
Chacaltaya	66
Chairo	108, 109
Challapampa	90
Cholera	32
Choro	92, 93
Christusstatue	74
Chucura Alto	83
Condoriri	21
Copacabana	12, 64
Coroico	67, 73, 110
Cusco	12

D
Diebstahl, Überfälle	42
Diplomatische Vertretungen	22
Drogen	43
Durchfall	30

E
Einkaufen	57, 115
Einreise	22
Einreisebestimmungen	22
El Alto	63
Erste-Hilfe-Set	34
Essen	55, 70, 114
Estancia Samaña Pampa	82

F
Familienurlaub/Kinder	23
Filme	25
Flora und Fauna	23
Flughafen	54
Fotografieren	24
Friedhof	60

G
Gefängnis San Pedro	63
Gelbfieber	32
Geld	27, 52
Gesundheit	29, 116
Guanay	73

H
Hepatitis	32
Höhenkrankheit (Soroche)	29
Hunde	44

I
IGM	37
Impfungen	31
Information	35, 51
Internet	36, 52
Isla del Sol	64

K
Karten	37

Kinos	57	Porto	39
Kleidung	16	Post und Telefon	52
Klima	37	Post und Telekommunikation	39
Kneipen	57	Prado	60
Kocher und Brennstoff	17	Puente Choro	95
Krankenversicherung	34	Puno	12, 13
Kreditkarten	28		
Kussillonani	100		

R

Radfahren	41
Reisebüros	59
Reisezeit	42
Río Chukura	91
Río Huarinilla	97, 104
Río Jacu Manini	100
Río Kuscapa	101, 103
Río Lama Khuchu	81
Río Phajchiri	84, 86, 89
Río Tikimani	97
Río Wekho	84
Rucksack	13
Rurrenabaque	73

L

La Cumbre	73
La Paz	49
Laguna Estrellani	74
Lebensmittel	57, 115
Literatur	38
Luna	67

M

Malaria	33
Märkte	56
Menschenbilder	26
Mercado de Artesanía	57
Mercado de Hechicería	56
Mercado Negro	57
Migración	51
Museen	58
Musikinstrumentläden	56

S

Sandillani	107
Schlafsack	14
Schuhe/Stiefel	16
Sicherheit	28
Sicherheit/Gefahren	42
Solo- und Gruppentouren	45
Sonnenschutz	18
South American Explorers Club	36
Symbole	4
Tage, Monate	119

N

Naturgefahren	44

O

Orientierung	117

P

Parque Nacional Cotapata	86
Peñas	58
Peru	12
Policia Turistica	51
Polizei	51

T

Taxis	54
Telefonieren	40
Tetanus, Diphtherie, Polio	34
Typhus	32
Tiahuanaku	65

Tips für den Trail	34	**W**	
Titicaca See	12, 64	Wanderstöcke	17
Tollwut	33	Weiteres Sehenswertes	60
Transport	26, 46, 53, 71	Werkstätten	56
Travellerschecks	28	Wetter	118
Trinkwasser	47		
		Y	
U		Yampupata Trek	64
Übernachten	47, 114	Yolosa	110
Umweltschutz	48	Yumani	64
Unterkunft	54, 69		
Unternehmungen	71	**Z**	
		Zahlen & Co	118
V		Zeit	49
Valle	67	Zeitschriftenartikel	39
Verpflegungsliste	48	Zelt	15
Villa Fátima	73	Zoll	23

TREKKING -„MAHLZEITEN"®

F. Schultheiss
Postfach 2430
D-64533 Mörfelden-Walldorf
Tel. (06105) 456789
Fax (06105) 45877
www.trekking-mahlzeiten.de

WELTWEIT PREISWERT FLIEGEN

TRAVEL OVERLAND

12 BÜROS IN DEUTSCHLAND, 1 BÜRO IM INTERNET

MÜNCHEN
Barerstraße 73
80799 München
Tel 089/27 27 61 00
Fax 089/271 97 45

HAMBURG
Eppendorfer Landstraße 49
20249 Hamburg
Tel 040/480 02 40
Fax 040/47 48 60

AUGSBURG
Zeuggasse 5
86150 Augsburg
Tel 0821/31 41 57
Fax 0821/31 32 53

REGENSBURG
Obere Bachgasse 9
93047 Regensburg
Tel 0941/59 30 10
Fax 0941/56 00 74

BREMEN
Fedelhören 14
28203 Bremen
Tel 0421/33 75 50
Fax 0421/32 55 53

TELEFONISCHE BUCHUNGSZENTRALE
Tel 089/27 27 63 00
Fax 089/307 30 39

AKTUELLE FLUGPREISE PER FAXABRUF: 01805/23 16 47 (DM 0,48 pro Minute)
SURFEN SUCHEN ONLINE BUCHEN: http://www.travel-overland.de

HOTELS UND MIETWAGEN GLEICH MITBUCHEN!

Bis hierher

Globetrotter
Ausrüstung

und dann weiter

[**Die Spezialisten für das Leben im Freien**]

Bestellen Sie sich das aktuelle Globetrotter Handbuch. Kostenlos.

Denart & Lechhart GmbH
Bargkoppelstieg 12
22145 Hamburg
Telefon: (040) 679 66 179
Montag bis Freitag: 8.00 bis 19.00 Uhr
Samstag: 10.00 bis 16.00 Uhr
Fax: (040) 679 66 186

Versand Schweiz   Telefon: +41 (0)26 492 97 97   Fax: +41 (0)26 492 97 90
BTX: globetrotter #   e-Mail: info@globetrotter.de   www.globetrotter.de

Hamburg|Berlin|Dresden|Frankfurt

Conrad Stein Verlag

In der Mühle D-25821 Struckum ☎ 04671/931314, FAX 04671/931315
e-mail: outdoor@tng.de   http://outdoor.tng.de

REISEHANDBÜCHER

Titel	DM	Titel	DM
Äthiopien / Dippelreither (III/98)	36,80	Mauritius / Ellis	26,80
Alaska / Richter	34,80	Mexikos Süden, Belize & Guatemala	36,80
Antarktis / Walther	49,80	Namibia & Botswana / Lamping	29,80
Argentinien-Handbuch / Junghans	34,80	Neuseeland-Handbuch / Stein	36,80
Australien-Handbuch / Stein	44,80	Nicaragua / Schmidt	24,80
Bulgarien / Müller	24,80	Ontario mit Montréal / Québec / Stein	29,80
Dänische Westküste / Treß	24,80	Osterinsel / Hellmich	22,00
El Salvador/Honduras/Steinke/Hollerw.	34,80	Phuket & Ko Samui / Bolik & Jantawat	29,80
Fuerteventura / Reifenberger	26,80	Reisen mit dem Hund / Treß	22,00
Gomera-Handbuch / Reifenberger	29,80	Rocky Mountains Nationalparks	39,80
Gotland / Bohn	24,80	Rumänien / Müller	26,80
Die Kirchen Gotlands / Lagerl/Svahnst.	24,80	Schottland / Ferner	29,80
Gran Canaria-Handbuch / Reifenberger	29,80	Schweiz / Kürschner	36,80
Grönland / Köppchen & Hartwig	26,80	Sibirien / Zöllner	36,80
Holland / Wetters	29,80	Slowakei / K. & A. Micklitza	26,80
Iran / Berger	36,80	Spitzbergen-Handbuch / Umbreit	39,80
Irland / Elvert	26,80	Sudan / Benjak & Enders	16,80
Island-Handbuch / Richter	34,80	Südafrika / G. Lamping	29,80
Islands Geologie / Hug-Fleck	14,80	Südschweden mit Öland / Sachtl. & Boll	29,80
Israel / Kautz & Winter	26,80	Syrien / Schönmann	36,80
Jemen / Kabasci	26,80	Tansania & Sansibar / Dippelreither	36,80
Jordanien / Kleuser & Röhl	24,80	Tausend Tips für Trotter, Tramper, Trav.	22,00
Kaliningrader Gebiet / Junger & Müller	26,80	Teneriffa / Reifenberger	29,80
Kanadas Westen / Stein	39,80	Thailand / Bolik & Jantawat-Bolik	29,80
Kanalinseln / Ferner	29,80	Touren in Schlesien / K. & A. Micklitza	24,80
Kanarische Inseln / Ferner	29,80	Travel Planet / Schramm	29,80
Kiel / Hackländer	19,80	Tschechien - Tschech. Rep.Micklitza	29,80
Komoren / Westenberger	24,80	Überwintern - Langzeiturlaub im Süden /Heinrich	19,80
Kurs Nord / Umbreit	49,80	Uganda / Lübbert	29,80
Lanzarote / Reifenberger	26,80	USA - Nordwesten / Richter	34,80
Libanon / Röhl & Rosebrock	24,80	USA - Südwesten / Richter	39,80
Libyen / Steinke	34,80	Vereinigte Arabische Emirate / Röhl	22,00
Lofoten und Vesterålen / Knoche	24,80	Zimbabwe / Zuchan	26,80
Madeira & Azoren / Jessel & von Bremen	34,80	Zwischen Sydney und Melbourne	26,80
Malawi / Hülsböhmer	24,80		

REISE ☞ HANDBÜCHER

... überall im Buchhandel

FREMDSPRECH

Band	DM	Band	DM
1 Oh, dieses Dänisch / Behr	9,80	2 Oh, dieses Schwedisch (III/99)	9,80

OUTDOORHANDBÜCHER

Basiswissen für Draußen

Band	DM	Band	DM
1 Rafting	12,80	24 Ratgeber rund ums Wohnmobil	14,80
2 Mountainbiking	12,80	25 Wale beobachten	14,80
3 Knoten	12,80	30 Spuren & Fährten	14,80
4 Karte Kompaß GPS	14,80	31 Canyoning	14,80
5 Eßbare Wildpflanzen	12,80	34 Radwandern	14,80
6 Skiwandern	12,80	35 Mushing - Hundeschlittenfahren	14,80
7 Wildniswandern	12,80	36 Gesund unterwegs	12,80
8 Kochen	12,80	39 Erste Hilfe	14,80
9 Bergwandern	12,80	45 Solotrekking	12,80
10 Solo im Kanu	12,80	48 Für Frauen	12,80
11 Kanuwandern	14,80	58 Fahrtensegeln	14,80
12 Fotografieren	12,80	65 Seekajak Ausrüst. Techn. Navig.	12,80
13 Wetter	12,80	68 Minimal Impact	12,80
14 Allein im Wald - Survival für Kinder	12,80	Outdoor - naturverträglich	
15 Wandern mit Kind	12,80	69 Abenteuer Teeniegruppe	12,80
zu Fuß · per Rad · mit Kanu		70 Wintertrekking	12,80
16 Sex- Vorbereitung Technik Varianten	12,80	72 Schnorcheln und Tauchen	14,80
20 Wüsten-Survival	14,80	73 Trekkingreiten	14,80
21 Angeln	14,80	77 Wohnmobil in USA und Kanada	19,80
22 Leben in der Wildnis	14,80	86 Regenwaldexpeditionen (2000)	14,80

Informationen aus erster Hand

OUTDOOR ☞ HANDBÜCHER

OUTDOORHANDBÜCHER

Der Weg ist das Ziel

Band		DM	Band		DM
17	Schweden: Sarek	24,80	56	Polen: Drawa	19,80
18	Schweden: Kungsleden	22,00	57	Kanada: Great Divide Trails	22,00
19	Kanada: Yukon	22,00	59	Kanada: Wood Buffalo NP	19,80
23	Spanien: Jakobsweg	24,80	60	Kanada: Chilkoot Trail	22,00
26	West Highland Way (Schottland)	22,00	61	Kanada: Rocky Mountains - Radtouren	22,00
27	John Muir Trail (USA)	22,00			
28	Landmannalaugar (Island)	22,00	62	Irland: Kerry Way	22,00
29	West Coast Trail (Kanada)	22,00	63	Schweden: Dalsland-Kanal	24,80
32	Radtouren in Masuren (Polen)	24,80	64	England: Pennine Way	24,80
33	Trans-Alatau (GUS)	22,00	66	Alaska Highway	24,80
37	Kanada: Bowron Lakes	22,00	67	USA: Appalachen Trail (III/99)	22,00
38	Polen: Kanutouren in Masuren	24,80	71	Spanien: Jakobsweg - Nebenrouten	24,80
40	Trans-Korsika - GR 20	24,80	74	Nordirland: Coastal Ulster Way	22,00
41	Norwegen: Hardangervidda	24,80	76	Pfälzerwald-Vogesen-Weg	22,00
42	Nepal: Annapurna	22,00	78	Polen: Pisa und Narew (I/2000)	22,00
43	Schottland: Whisky Trail - Speyside Way	14,80	79	Bolivien: Choro Trail (II/99)	22,00
			80	Peru: Inka Trail und Region Cuzco(II/99)	22,00
44	Tansania: Kilimanjaro	24,80	81	Chile: Torres del Paine Cirquito (II/99)	24,80
49	USA: Grand Canyon Trails	22,00	82	Norwegen: Jotunheimen (I/2000)	22,00
50	Kanada: Banff & Yoho Nationalpark-Tageswanderungen	22,00	83	Neuseeland: Stewart Island	22,00
			84	USA: Route 66	22,00
51	Tasmanien: Overland Track	22,00	85	Finnland: Bärenrunde (I/2000)	22,00
52	Neuseeland: Fiordland	22,00	87	Mont Blanc Rundweg (II/2000)	22,00
53	Irland: Shannon-Erne	22,00	88	Trans Kreta (II/2000)	22,00
54	Südafrika: Drakensberge	22,00	89	Schweden: Skåneleden (II/2000)	22,00
55	Spanien: Pyrenäenweg GR 11	22,00	90	Mallorca: Sierra del Norte (I/2000)	22,00

Fernwehschmöker

46	Blockhüttentagebuch	24,80	75	Auf nach Down Under / Sackstedt	DM 14,80
47	Floßfahrt nach Alaska	22,00			

☺ *Weitere Bände in Vorbereitung. Fordern Sie unseren aktuellen Verlagsprospekt an.*

... überall im Buchhandel